情報は誰のものか

農業、医療、エネルギー、
オープンガバメント、 ダイバーシティとIT

独立行政法人 情報処理推進機構
「情報は誰のものか」編集委員会 編

KAIBUNDO

目次

参考資料―現地訪問・調査・意見交換の経緯

刊行にあたって

この本を手に取られたみなさんはインターネット世代でしょうか。それともアナログ世代でしょうか。

どちらの世代の人でも、いまや生活・仕事・遊びのあらゆる分野において、インターネットを使ったりその恩恵にあずかったりしない人はいないといっても言い過ぎではないでしょう。

では、インターネット社会のなかで、何が最も変わったと感じておられますか？ 大半の人は、情報が簡単に手に入るようになり、また、簡単に発信できるようになったと感じておられることでしょう。

インターネットを通じてＩＴを駆使することにより、「紙とエンピツ」の時代では考えられなかったような情報の爆発的な流通が実現しています。

こうした状況の下で、大量かつ多様な情報が瞬時に自由にやりとりされるようになり、情報の独占が崩れ、既得権益が明るみに引きずり出され、岩盤規制に大量の疑問符が突きつけられることとなりました。

一方で、「情報化」という言葉が何か古い響きを感じさせるのは、ＩＴを単なる省力化や効率化のみに用いる時代が過去のものとなり、インターネット社会におけるＩＴは、これまでにないビジネスモデルを実現可能にし、新たな価値を生み出す源泉となっていることを示唆しているのでしょう。

我が国の経済はバブル崩壊後の長期にわたる低迷を脱し、持続的な成長に向けた新たな段階を迎えつつあります。こうした成長を加速し確かなものとするために必要とされる社会課題の解決や新たな価値創造に、インターネット社会におけるＩＴに対しては、大きな役割と貢献が期待されます。

独立行政法人 情報処理推進機構（ＩＰＡ）では、こうした新たな局面を迎えているＩＴを通じて、我が国が直面するさまざまな社会課題に対して、何らかの解決策（ソリューション）の糸口や新たな価値づくりのきっかけを提示できるのではないかという問題意識から「社会課題ソリューション研究会」（以下、「研究会」という）を立ち上げ、検討を重ねてきました。

本書は、本研究会の検討結果を広く公開し、今後のさらなる議論に資するとともに、研究会のとりまとめのなかでは書ききれなかった思いや舞台裏も記すことにより、ＩＴによる価値創造に多くの方が関心を持ち実践してもらうことで、我が国の経済・社会の持続的な発展が実現されることにささやかながらでも寄与したいという思いで作成しました。

第１部は、こうした研究会のとりまとめに至る舞台裏や、事務局を務めたメンバーの思いを記したものです。第２部の研究会のとりまとめ（報告書）そのものを読んでいただく前のイントロとして気楽にお読みいただければと思います。

また、参考資料および「ご協力をいただいた関係者のみなさま」の部分については、本書の刊行にあたり、平成26年9月に公開した報告書から再編成した上で掲載しております。

なお、本書の第2部を除くすべての記述のうち、各執筆担当者の個人的見解の部分は、IPAの見解とは無関係であることを念のため申し添えます。

「情報は誰のものか」編集委員会一同

(中村稔、羽鳥健太郎、楠木真次、中山顕)

第1部

社会課題の解決とＩＴ

第1章 情報とIT

1 インターネット社会と情報

❶ IT環境の進化が生み出したもの

近年、ITをめぐる状況は、PCなどの単独のIT機器で省力化や効率化を実現した時代（「スタンドアローン」の時代）から、インターネットでIT機器などを通じて企業や個人がつながることによって新たな価値を生み出す時代へと大きな変化を遂げました。

その意味するところの一つは、IT（情報技術）の対象である情報の流通に劇的な変化が生じたということです。

ITが導入され始めた当初、個別のIT機器によって情報処理が行われ、いわゆる「紙とエンピツ」の時代からは格段に効率が良くなりました。しかし、こうした情報処理がインターネットを介してつながるようになると、単に情報処理の効率が良くなるだけではなく、大量かつ迅速な情報のやりとりを通じて新たな付加価値を生むことが可能になりました。

こうしたIT環境の変化は、情報通信関連産業などの情報そのものを商品とするビジネスにインパクトを与えただけではなく、製造業やサービス業などの伝統的な産業においても情報を活用して新たなビジネスモデルを生み出す動きを加速させたのでした。

❷ 情報とは何か

ところで、みなさんは日頃何気なく使っている情報という言葉にどのようなイメージをお持ちでしょうか?

また、なぜ情報は「情報」と書くのでしょうか? つまり、なぜ Information に対応する日本語が「情報」なのでしょうか?

その起源には諸説ありますが、「情況報告」の略語という説のほかに言われるものの一つをご紹介すると、情報とは、「情に報いる」ことだということです。

とくに、インターネット社会となって情報が溢れる時代には、いくらでも容易に情報を入手できるようになりましたが、本当に必要な情報の獲得は、実は簡単ではないのです。

そうしたなかで、そもそも情報は最終的には人間から人間に伝えるものなので、ＩＴが仲介するとしても、その人にとって真に重要で必要な情報は、最後は情報の出し手と受け手の信頼関係で流れるかどうかが決まります。これが「情に報いる」という意味です。

たとえば、砂漠の真ん中で向こうから旅人が歩いてきて、「すみません、喉が渇いて死にそうなのでオアシスの場所を教えてください」と尋ねられたとき、「東に10㎞のところにありますよ」と答えれば、質問に対する答えとしては100点満点です。

しかし、知り合いの人がやってきて同じ質問をされた場合は、「オアシスは東に10㎞のところにあります。でも、途中5㎞のところに大きなすり鉢状の穴があるので、はまると砂地獄のように出られなくなりますよ。それに、そのオアシスの水は美味しいのでついつい夢中で飲んでしまうのですが、その池にはワニがいるので、油断していると食われてしまいますよ。では、気をつけて」といった答えになるかもしれません。

誰も「穴」や「ワニ」のことは聞いていませんが、その旅人にとっては命にかかわる重要な「情報」なのです。まさに「情に報いる」とはこのことでしょう。

いくらインターネット社会になったといっても、こうした情報の本質に変わりはありません。むしろ、流通

する情報量がますます膨大になり、真に重要な情報が見つけにくくなるなかでは、この「情報」の意味は重くなる一方でしょう。

❸ インテリジェンスと情報

こうした「情報の本質」を別の角度で考えてみましょう。世の中には情報が溢れているのですが、実は一般的に「情報」と呼ばれているものは性質によって大きく以下のように分類できます。

① データ
② 情報（インフォメーション）
③ インテリジェンス

①の「データ」とは「客観的な事実を数値や文字、図形、画像、音声などで表した資料」で、客観的事実と言い換えることができます。一方、②の「情報（インフォメーション）」とは「ある目的のために役立つデータ、あるいはデータを基に加工された資料」です。要するに、客観的事実であるデータを分類したり一定の考え方で整理するなどして意味を持たせたものが「情報」になるのです。たとえば、天気予報を例に挙げると、測定された降水データ（数値の集まり）は、人間が判断や意味付けといった加工を行うことによって「雨」や「大雨」といった情報になるのです。

では、③の「インテリジェンス」とは何なのでしょうか？ すべての情報がインテリジェンスとなるわけではなく、とくに安全保障や軍事の世界ではインフォメーションとインテリジェンスを区別しています。前者は「情報」、後者は「諜報」と訳されます。こうした訳語のいわんとするところは、玉石混交のインフォメーションから意思決定に必要な確度の高い情報を抽出することがインテリジェンスだということです。ちなみに、米国のＣＩＡ（Central Intelligence Agency）は「中央情報局」と訳されますが、本当は「中央諜報局」なのです。さらに、「知性、理解力、思考力」という意味もあり、情報を活かす能力もインテリジェンスといいます。

ビジネスにおいては、データを加工して得た情報をさらに精査して、意思決定者に必要な判断材料を提供するとともに、これに基づいて適切な判断を下すための選択肢や具体的方策の例を示すことが必要です。そして、意思決定者はこうした「情報」を活用して状況判断を行い、新たな戦略や戦術を考え、行動に移すこととなります。これこそがビジネス・インテリジェンスなのです。

さらに、外交や軍事の場においては、情報戦といわれるように、自国に有利な状況をつくり出すためのプロパガンダ（宣伝工作）や、観測気球（アドバルーン）を上げるように意図的に内部の情報を提供して様子を見る手法に加えて、うその情報を流して撹乱するなど（disinformation：ガセネタ）も諜報活動の一つといえます。

このように、ＩＴ（情報技術）で「情報」を扱うに際しては、それがデータなのか、インフォメーションなのか、インテリジェンスなのか、を意識して戦略的に用いることが重要です。

なお、ここで戦略という言葉を用いましたが、本来、戦略とは大きなグランドデザインであって、「なぜ、何のために」（WHY）を考えることです。次に「戦術」は、その戦略を実現するために「何を」（WHAT）するかの具体的な作戦であり、「方法論」（HOW）はその作戦を実施するために「どうするか」という一つ一つの方策です。我々は何らかの課題を解決するに当たって「どうするか」という方法論を考え始めると「何を」しようとしていたのかの戦術を忘れがちですし、ましてや「なぜ、何のために」という根本である戦略を見失うことはよくあります。いま考えているのが戦略なのか、戦術なのか、方法論なのかを客観的に認識しながら検討することが重要なのは、先ほどの情報を扱う際の留意点と同根です。

たとえば、企業が広告を打つ際に、「なぜ、何のために」という戦略は、企業イメージの向上であったり、新製品の販売促進であったりします。次に「何を」するという戦術は、対象セグメントによって、テレビ番組のスポンサーになるとかインターネットでバナー広告を出すとかであり、「どうするか」という方法論は、どんなタレントや音楽を使うか、どのような広告内容で訴求するかということになります。方法論にとらわれすぎると、結局「何のために何がしたいのか」を見失いがちです。

ITによって情報を扱う際には、その情報の意味はデータかインフォメーションかインテリジェンスかを認識した上で、戦略と戦術と方法論を意識的に区別しながら合目的的に臨んでこそ、大きな成果を生むことになります。

第2部の報告書を読まれれば、この報告書の構成自体がこうした問題意識を踏まえて練られており、その狙いはどこにあったのかをご理解いただけるものと考えています。

❹ 物やサービスと情報

情報は、製品やサービスと結びつくことによって、情報そのものの価値を実現させると同時に、単体で存在していた物やサービスにも新たな価値を生みます。

たとえば、物に関する情報がネットワーク上で共有されるシステムができることにより、トレーサビリティが向上し、物流の効率化が進むだけでなく、農産物や食品などの場合には、安心・安全を一緒に消費者に届けることが可能となります。また、医療・健康サービス分野において、電子カルテの病院間での共用やクラウド化が進めば、患者一人ひとりの病歴や治療歴や投薬歴が病院・薬局・医師・薬剤師・患者本人、さらにはフィットネスクラブなどの間で瞬時に共有できることから、医療サービスの高度化や重複検査・重複投薬などの医療費のムダ撲滅や、そもそも病気にならない先制医療や健康増進に大いに役立ち、膨張する国民医療費の抑制や削減に大きく寄与することでしょう（これほどメリットが大きい電子カルテがなぜ普及しないのかについては、第2部の関連部分を参照してください）。

❺ インターネット社会における情報の価値

これまで述べたとおり、インターネット社会においては、情報そのものに価値があるとともに、その情報と物やサービスが結びつくことによって、インターネットがない世界では考えられなかった新たな価値を生み出し始めています。

とりわけ、我が国を待ち受けるさまざまな社会課題を解決していく上において、こうしたインターネット社会における情報の特質を踏まえた新たなＩＴは、大きく分けて

・マイナスをゼロにする機能

・ゼロからプラスを生む機能

を発揮することが期待されています。

前者は、本来は実現可能であり社会厚生的にも実現すべきであるにもかかわらず既得権益や岩盤規制に阻まれて実現できなかったものを、インターネット社会になって実現できるようにするＩＴの機能です。後者は、そもそも誰も想像さえしなかった新たなビジネスモデルや社会システムを実現可能とするＩＴの機能です。

この二つの機能によってＩＴが社会課題のソリューションにどういうインパクトを与えていくかを探ったのが第２部の報告書なのです。

関東大震災とラジオ――情報こぼれ話①

大きな災害や地震が起こると、直接の被害に加えて、風評被害に悩まされることがよくあります。テレビ、ラジオ、インターネットなどのメディアが発達し、さまざまな角度から情報が入手できる現代に起こった東日本大震災でも例外ではありませんでした。

まして、約90年前の大正12年（1923年）に起こった関東大震災では……。震災直後から「社会主義者や朝鮮人が井戸に毒を入れた」などの噂はまたたく間に広がっていきました。在京の新聞社も震災で壊滅状態となり、庶民は情報不足に陥り、流言を信じ込んだのです。

さらに、住民が治安維持のために組織した自警団が社会主義者や朝鮮人に暴行を加えるなど悲惨な状況に陥りました。

この震災直後に帝都復興院総裁に就任したのは後藤新平でした。

強い決意で東京復興を目指し、将来の災害に備えて広い道路や緊急避難所を兼ねた公園を整備しました。現在の昭和通り、隅田公園などは、後藤が策定した復興計画に基づいてできたものです。

後藤は、震災の3年前にアメリカ・ピッツバーグでラジオの商業放送が開始されていたことも知っていました。

「ラジオがあれば風評被害が抑えられたのではないか」

実は震災前も国内の新聞社などはラジオの研究を始めていました。しかし、この関東大震災こそが、ラジオの必要性を各方面に認めさせ、実用化へのスピードを速めさせたのです。

震災から約1年後の大正13年11月に社団法人東京放送局（現在のNHK）が設立されました。初代総裁に就任したのは後藤新平でした。

試験放送を経て、大正14年3月22日、ついにラジオ放送がスタートしました。関東大震災から1年半後のことでした。東京・芝浦の東京高等工芸学校の図書館。ここにマイク一本が置かれ開始されたラジオ放送。

後藤は放送初日にこのマイクの前に立ち、ラジオ放送の効果として「教育の社会化」などとともに「ラジオは文化の機会均等をもたらすものである」と演説しました。

「これで正確な情報を家庭に届けられる」。後藤には震災のことが頭にあったのかもしれません。

1925年、国産第1号の鉱石ラジオ
（シャープ（株）のサイトより）

後藤新平
（1857～1929年）

2　社会課題解決とIT

❶　情報の独占が生むもの

インターネット社会の到来以前には、情報の流通は、情報を多く持っている側から情報の受け手への一方通行的なケースがほとんどでした。

このことは、社会のあらゆるシステムで共通した状況であり、とくに物やサービスの供給側と需要側との間では、情報量の圧倒的な格差とともに、情報流通の仕組みが一方的であることによって、いわば情報の独占状態が生じていました。

社会生活や経済活動において、こうした情報の独占が行われることは、競争を勝ち抜くための経済合理性の観点からは、ある意味で必然であったのかもしれませんが、その一方で、経済社会にさまざまな歪みや発展可能性の阻害をもたらしていました。

たとえば社会的な観点では、行政による情報独占は、その透明性の向上を阻害しますし、経済社会の発展に有益な情報の活用可能性を失うことにより、新たなサービスや付加価値の向上の機会を奪うこととなっていました。こうした反省から情報公開に関する法律や条例が策定され、これらの歪みや機会喪失を緩和すべく対応が行われてきました。

次に、経済活動の観点からは、たとえば農業分野では、農協は肥料や農業機械、梱包用ダンボールなどの生産手段の供給をはじめ生産ノウハウや生産物の流通まで、農業生産活動のあらゆる段階のサービスを提供することにより、個々の農家に対する圧倒的な情報格差を背景に、農業にかかわるほぼすべての事業要素を独占してきました。そのこと自体は、先ほど述べたとおり、情報や資源の集中による経済合理性があったと考えられ、悪いことではなかったのかもしれません。しかしながら、農協がすべての情報を独占していることが、個々の農家の自由な発展の可能性を阻害し、結果として我が国の農業の国際競争力向上を阻害していた面も否定できないのではないでしょうか？

いま、まさにアベノミクスの成長戦略の一環として農業改革が議論されているのも、こうした背景にもよると思われます。

また、医療の分野では、医師や病院と患者との間の圧倒的な情報格差に対する患者側の不安に応えるため、いまや「インフォームドコンセント」は当然のこととなりました。

このように、経済発展に向けた新たな可能性を開く上でも、我々が安心・安全に暮らしていく上でも、さまざまな分野での情報独占の弊害とそれへの対処の努力が積み重ねられてきたのが、これまでの歴史でした。

❷ 情報流通革命と旧体制の崩壊

こうした情報の独占を根底から覆すこととなったのが、インターネットの登場です。これは情報流通革命と呼んでもおかしくはないでしょう。

ＩＴ、すなわち情報技術の飛躍的な向上は、これまで情報処理の効率化を実現してきましたが、インターネット社会に至って、想像をはるかに超えたスピードと量で情報が飛び交うという意味での爆発的な情報流通が双方向で生じるなかで、情報の独占によって優越的地位を保持していた組織は、新たなビジネスモデルの登場によって存立を脅かされることとなりました。インターネット取引による供給者と需要者の直接取引の増大などにより、農産物流通における農協のシェアが50％を割っているのもうなずけるところでしょう。

また、医療やエネルギーなどの分野においても、インターネット社会でサービスの受け手が容易に情報を入手できるようになると、一方的にサービスを受けるしかなかったこれまでのシステムが崩壊し、サービスの受け手自身が情報を管理し、発信し、利用することも可能になってきています。医療や健康に関する情報を自ら蓄積し、活用し、健康寿命を延ばす努力を一人ひとりができる時代が到来しているのです。

さらに、インターネットを通じた消費者からの情報発信を受けた生産も盛んになるかもしれません。これは、生産者から消費者に向けた一方的な物やサービスの提供という旧体制が崩れ、新たな流通の形態を生むこととなるでしょう。加えて、こうした情報のやりとりの蓄積は、やがてビッグデータとなり、さらに次世代型の生産・流通・消費のビジネス環境を生み出すこととなるでしょう。

❸ 新たな価値づくりへ

インターネット社会の到来は、情報独占を崩して経済構造の変革を促しただけにはとどまりませんでした。つまり、これまでにない新たな価値の創造を生み出したのです。

たとえば、先ほど行政における情報独占の弊害に触れましたが、今後、インターネットを活用したオープンガバメントの取り組みが進み、行政の持つ情報が広く利用されるようになれば、行政の透明化、市民参加、官民共同といった新たな価値が実現されるでしょう。

また、我が国の経済成長に不可欠なイノベーションを促進したり、安心・安全な社会の基盤となる社会インフラの強靭性（レジリエンス）を実現していく上でも、インターネット社会の利点を最大限に生かすダイバーシティの重要性に触れざるをえません。

社会課題ソリューション研究会でオープンガバメントやダイバーシティを取り上げたのも、インターネット社会に生きる私たちがＩＴ活用によってこうした新たな価値づくりに向けた意識改革と実際の取り組みを行うきっかけを提供しようと考えたからでした。

西郷は生きている！―情報こぼれ話②

源義経は平泉で死んだのではなく、モンゴルに渡ってチンギス・ハンになった。豊臣秀頼は大坂城で死んだのではなく、九州へ逃げ延びた。

このように日本には、歴史上の人物の生存説が数多く存在します。明治維新の英雄である西郷隆盛も例外ではありません。

明治10年の西南戦争で亡くなり、それが公にされていましたが、明治22年2月、大日本帝国憲法発布に伴う大赦で名誉を回復してから、急速に生存説が広まっていきます。

火星のことを「西郷星」と呼び、「望遠鏡でのぞくと軍服を着た西郷が見える」という噂が広まり、多くの人々が物干し台に上って火星を眺めました。

また、明治22年4月、ロシアのニコライ皇太子が来日の際、西郷が一緒に帰還すると噂されました。

各新聞も競うように書き立てたため、誰もが信じ込み、長崎に皇太子が到着した際、群衆が港に大挙して押しかけました。

さらに、西郷が生きていたら西南戦争の政府軍の軍人に与えられた勲章が取り消されるとの噂が広がります。

驚いた人の一人が勲章を得ていた津田三蔵という巡査でした。

当然、西郷が帰ってくることはなかった訳ですが、津田はこの噂を流したのは皇太子だと信じ込んだという説もあります。

ニコライ皇太子が滋賀県を通りかかった際、警備を担当していた津田が、いきなりサーベルで皇太子に斬りつけました。これが「大津事件」です。

明治時代は、メディアが新聞や雑誌などに限られており、人の噂は信用されやすかったのです。誰かが話したほんの小さな噂でも、どんどん広まり、かつ大きくなっていき、やがては社会を大混乱に陥れることがありえたのです。

火星に軍服を着た西郷が描かれている錦絵
(出典：小西四郎『錦絵 幕末明治の歴史 8 西南戦争』講談社)

第2章 社会課題ソリューション研究会での検討経緯

1 検討分野設定の背景

第1章で見たように、ITが我が国の直面する社会課題に解決策をもたらす可能性を示すことによって、ITを通じてどのような経済・社会の変革が生じるかを具体的に検討する場として、IPAでは平成25年の夏、「社会課題ソリューション研究会」（以下、「研究会」と呼びます）を立ち上げました。

その検討対象として、我が国の経済・社会の発展のために避けて通れない社会課題分野のうち、農業、医療、エネルギーという重要分野を挙げ、さらにオープンガバメント、ダイバーシティという最近注目されている重要課題も含めて5つのテーマを設定しました。これらの検討対象について、当初考えていた検討内容は概ねつぎのような点でした。

まず農業については、最近の規制改革のなかで最も世間の耳目を集めている分野の一つで、本来、TPPを睨んだ対策という以前に、担い手の高齢化問題や食料自給率問題などの構造改革の必要性が高まっていた分野でした。最近では、ITを駆使して栽培管理を行う植物工場や、ITにより自動制御される農業機械など、他の産業から大きく出遅れながらも農業でもＩＴ導入が始まりつつありますが、ＩＴによって農業生産の効率化を通じた国際競争力の強化は間違いなく進展するのではないかという観点から取り上げることにしました。

医療については近年、医療現場でのＩＴ導入による検査・診断・処方・治療などの支援システムを用いた医療の高度化が進展しています。また、インターネットやデジタルデバイスを活用した遠隔地医療の充実なども含め、医療分野でのＩＴの役割が高まっています。これらを踏まえ、今後さらなる進展が予想される高齢化社会における、医療・介護・福祉といった分野でのＩＴの役割を検討することとしました。

エネルギーについては、我が国の原子力発電所がすべて停止しているという異常事態のなかで、日々１００億円を超える化石燃料を余分に輸入して巨額の貿易赤字を積み上げながら、CO_2を撒き散らして発電をしています。この現状にかんがみ、スマートシティに象徴されるようなＩＴを用いたピークカットや省エネの実現可能性を検討することとしました。

オープンガバメントについては、すでに政府や地方自治体のデータが二次利用できる形で公開されています。またＩＴを活用した官民共同の事例が地域で具体化しつつあり、地域の活性化にＩＴが、これまでとは違った形で具体的に貢献できることを実証できるのではないかと考えました。

ダイバーシティについては、とくに最近、女性の社会参加が大きな課題として取り上げられるようになっています。このなかでＩＴがこれを支援できるかという観点のみならず、同質性が極めて高い我が国において、ダイバーシティが閉塞感を打破するための突破口となるように、ＩＴによるその実現支援の可能性を探ることとしました。

2 検討開始と意外な展開

❶ 農業分野の検討開始とショック

前項のような観点から各分野での議論を始めようと考え、農業に関しては当初、ＩＴ導入によって農業生産の効率化を通じた国際競争力の向上やその結果としての食料自給率の向上などの、食の安全保障といった大きな社会課題に対するソリューションが提示できればと考えて取り上げたわけです。ところが、研究会での議論のたたき台づくりのためにヒアリングを始めた途端、大きなショックが我々を襲ってきました。

それは、農業と密接に関係しながらも、農業や農政を独特の立ち位置で見ておられる、一般社団法人 全国肥料商連合会の上杉会長からのキツイ一言でした。

上杉会長は、我々から研究会の趣旨の説明や農業生産現場へのＩＴ導入の意義についての説明を聞いた上で、こうおっしゃったのです。

「個別のＩＴ技術の農業への導入の検討も良いが、そんなパッチワークのような話より、農業の発展のためのグランドデザインこそ検討すべきではないか」

まさにガーンという感じでした。この瞬間が、ある意味で、この研究会の検討方向を決定したと言えるかもしれません。

すなわち、ＩＴをサプライサイドの情報化とだけ捉えるのではなく、インターネットでつながるユーザーサイドやデマンドサイドも含めた全体像のなかで捉え、ＩＴが大きな社会課題にどんなソリューションを提示できるかを検討することに舵を切ることとなったのです。

これを農業分野で考えると、農業生産の現場での効率化や省力化にＩＴを用いることは当然として、生産物の流通や販売や消費までも視野に入れ、いわゆる出口戦略も踏まえたＩＴ活用の意義を考えることとしました。

❷ 医療

医療分野においても、ＩＴを活用した画期的な技術が次々と開発され、医療技術の高度化にＩＴが寄与しています。

たとえば、デジタル画像診断やプロジェクションマッピングによる手術支援、３Ｄプリンタによる精密臓器模型を活用した手術シミュレーションなど、医療の現場をＩＴが支援している事例が次

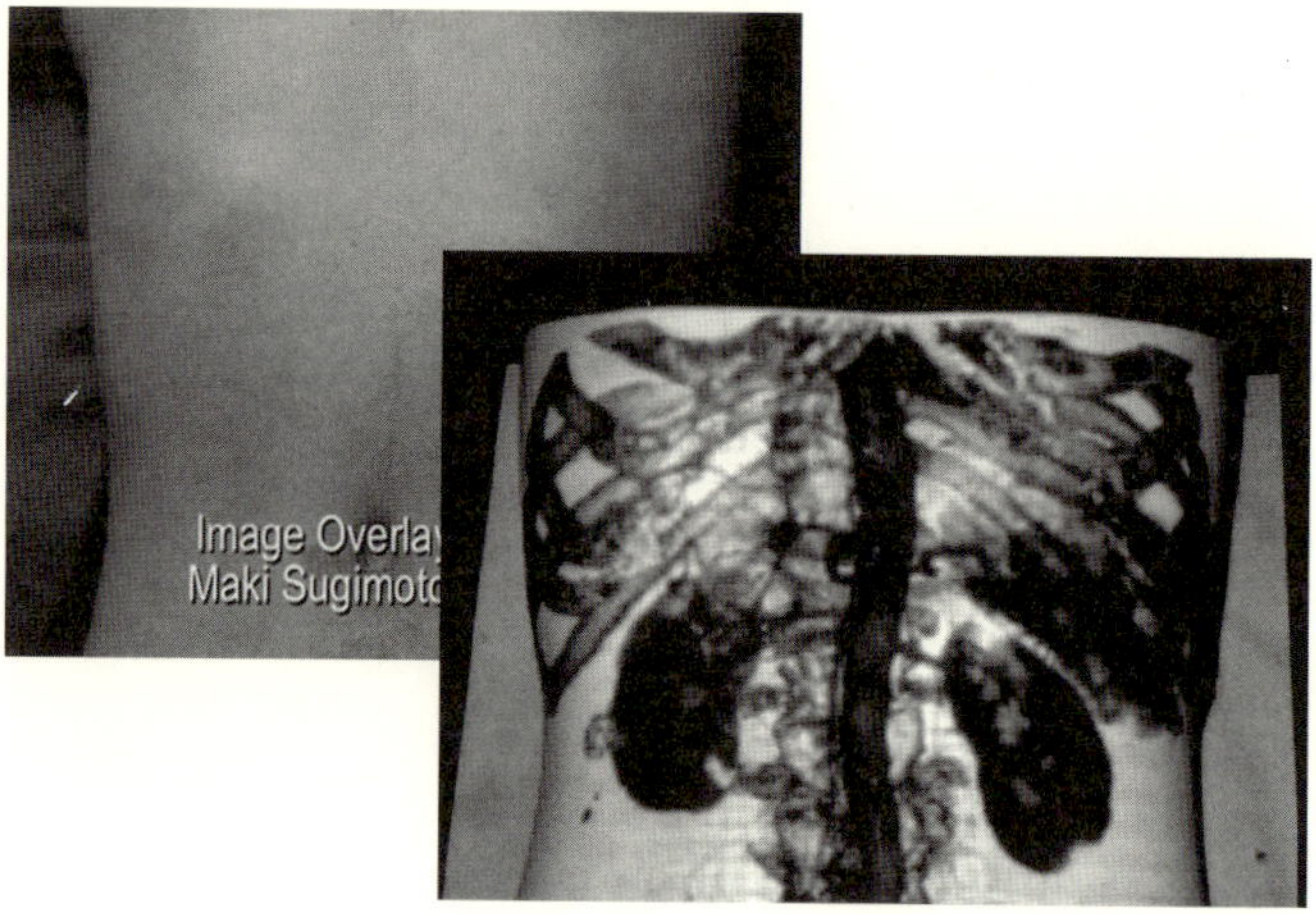

手術前に患者自身の内臓を映し出すプロジェクションマッピング
（提供：神戸大学大学院医学研究科内科学講座特命講師 杉本真樹氏）

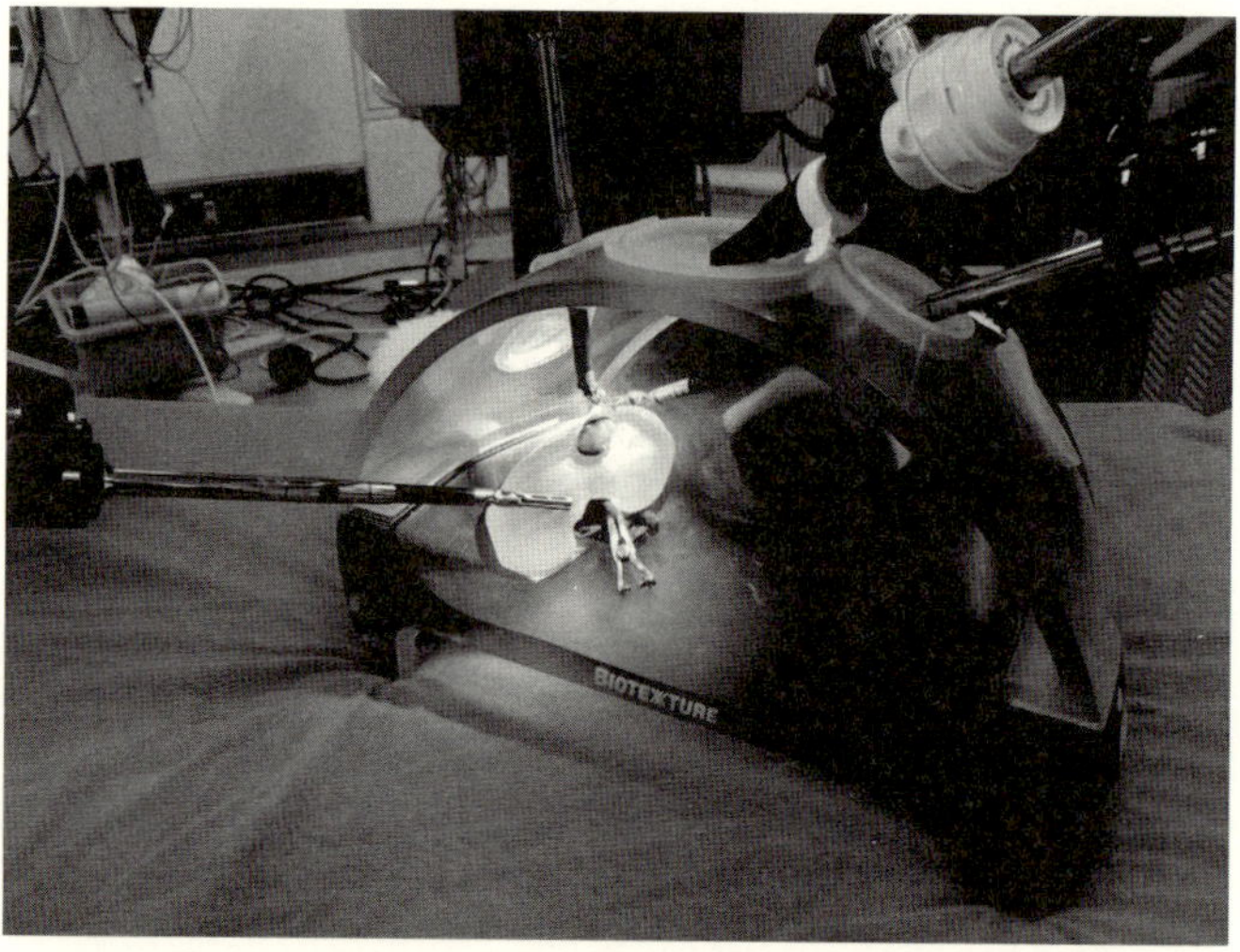

3Dプリンタで作成した臓器で手術をシミュレーション
（提供：神戸大学大学院医学研究科内科学講座特命講師 杉本真樹氏）

々と生まれています。

一方で、こうした現場でのＩＴ活用だけでは、医療が抱える大きな課題の解決にはつながりません。

もちろん、その課題の一つは少子高齢化の進行に伴い膨張を続ける国民医療費の問題です。２０１３年時点で38兆円に及ぶ医療費支出は、団塊の世代が75歳を超える２０２５年には50兆円を突破すると言われています。

人口減と若年層の減少というダブルパンチで稼ぐ力を失う日本社会が、こうした医療費負担の増大に耐えることが果たしてできるのでしょうか？

増え続ける医療費を何とか抑制、減少させる手立ては本当にないのでしょうか？

そこで、ＩＴによるソリューションを考えたとき、誰もが健康で長生きできる健康寿命の長い社会の構築に、電子カルテを活用したＩＴによる予防医療、先制医療が役立つのではないかと考えました。たとえば、フィットネスクラブを経営するコナミは慶応大学病院と提携して健常者の健康管理に取り組んでいますが、ＩＴを用いれば個人の運動履歴や食事のデータを簡単に集積・管理できるようになり、生活習慣病の予防などに威力を発揮することが期待されています。さらに、こうしたデータがクラウド上で集積され、分析されることにより、いわゆるビッグデータとして健康維持・向上にために活用され、将来に向けての医療費の縮小につながる可能性が高いと考えられます。

また、電子カルテは検査や投薬の重複など、莫大な額の医療費の無駄の削減に役立つと言われています。

このように、インターネットを介したＩＴの活用により、データが病院や医師や薬局のなかだけで蓄積・利用される状況から、病院や薬局などの医療関連機関の間においてや個人にまでも情報が共有され、活用されることによって、これまでとはまったく異なる健康・医療体制の構築が期待されます。

❸ エネルギー

平成26年10月1日現在、国内のすべての原子力発電所が停止しており、火力発電への依存の拡大から、天然ガス、石炭、石油といった化石燃料の輸入が増えています。資源価格の不安定化とあいまって、エネルギーコストが上昇しています。

このように日本のエネルギーを巡る問題については、私たち一人ひとりが社会人という立場、消費者という立場など、さまざまな角度から考えていくことが不可欠であると思います。

研究会ではエネルギー問題の前に、「ＩＴを通じた社会課題ソリューション」という文脈で、農業や医療の分野におけるＩＴの役割などをテーマに検討を進めてきました。

その過程で農業における「センサーを活用した生育情報の収集」、医療における「３Ｄプリンタを利用した臓器シミュレーション」など、ＩＴを有効活用することで農業生産現場や病院など、いわゆる供給サイドにおいて大きな変革が起ころうとしているのを目の当たりにしてきました。

加えてインターネット社会においてＩＴを活用することにより、出口戦略も含めた農業の産業構造転換や、電子カルテ導入による医療システムの抜本改革についても議論しました。

3番目のテーマであるエネルギーの分野を考える上でも、まずは供給サイドから情報収集することにし、電力会社が各家庭に導入しようとしている「スマートメーター」に着目しました。

エネルギー関連企業からは、スマートメーターについては計量法により今後約10年間で従来型のアナログメーターから順次入れ替わるという話を聞き、電子カルテと同様に〝見える化〟が一気に進むことを予感しました。

また、このエネルギー関連企業とのディスカッションでは「デマンドレスポンス」についても話題に上りました。現在は電力会社がトータルの需要予測に合わせて供給力を確保していますが、これに対して、たとえば消費者が特定の日の特定の時間帯だけ受電量を下げるなど、需給バランスの市場に需要者（デマンドサイド）が参加していく仕組みのことです。

次の訪問先は、横浜スマートコミュニティの「スマートセル」です。

横浜スマートコミュニティは、横浜市の企業、学術団体、横浜市などによる、自然と共存し、環境に負担をかけない、自然エネルギーを追求するコミュニティを目指した取り組みです。実証実験が行える象徴的な家としてスマートセルが建設されました。

このハウスへのエネルギー供給は、電力会社からの供給である系統電力、太陽光から得た自然エネルギー、蓄電池の3パターンがあり、消費者が自由に組み合わせたり、切り替えたりすることができます。

ITを有効活用し、エネルギーの生産・供給・蓄積をコントロールしていて、まさに消費者の需給市場への関与が実現されようとしています。さらに、たとえば電力需要が少ないときには太陽光発電で得た電力を蓄電し、災害時などには蓄電池から供給するなど、あらゆる場面に対応できるエネルギーの自律協調システムが研究されています。

ただし、忘れてはならないのが「一人（あるいは一世帯）の最適が全体最適になるとは限らない」ということです。

たとえば、夏の暑い日に、消費者は良かれと思っ

横浜スマートセル全景（横浜スマートコミュニティご提供）

て系統電源を最小限の使用に抑えましたが、電力会社の発電量との連動がなされていない場合、火力発電所では余分に発電しすぎてしまうということがありうると思います。

やはり、デマンドレスポンスへの取り組みとともに、スマートメーターを通じて詳細かつ膨大な消費データ（ビッグデータ）を供給側が把握し、分析した上で発電量に活かすなどのアクションも整備すべきと思われます。

さらに、エネルギーを取り上げるには、スマート社会の実現という観点から、単に省エネルギーの実現だけでなく、省エネを契機にした社会課題解決もあるのではないかとの議論になりました。いわゆる「社会的厚生（ウェルフェア）の拡大」です。

たとえば、路線バスが空車で軽油やガソリンを使って走り回る一方で、高齢者がバス停で長時間待た

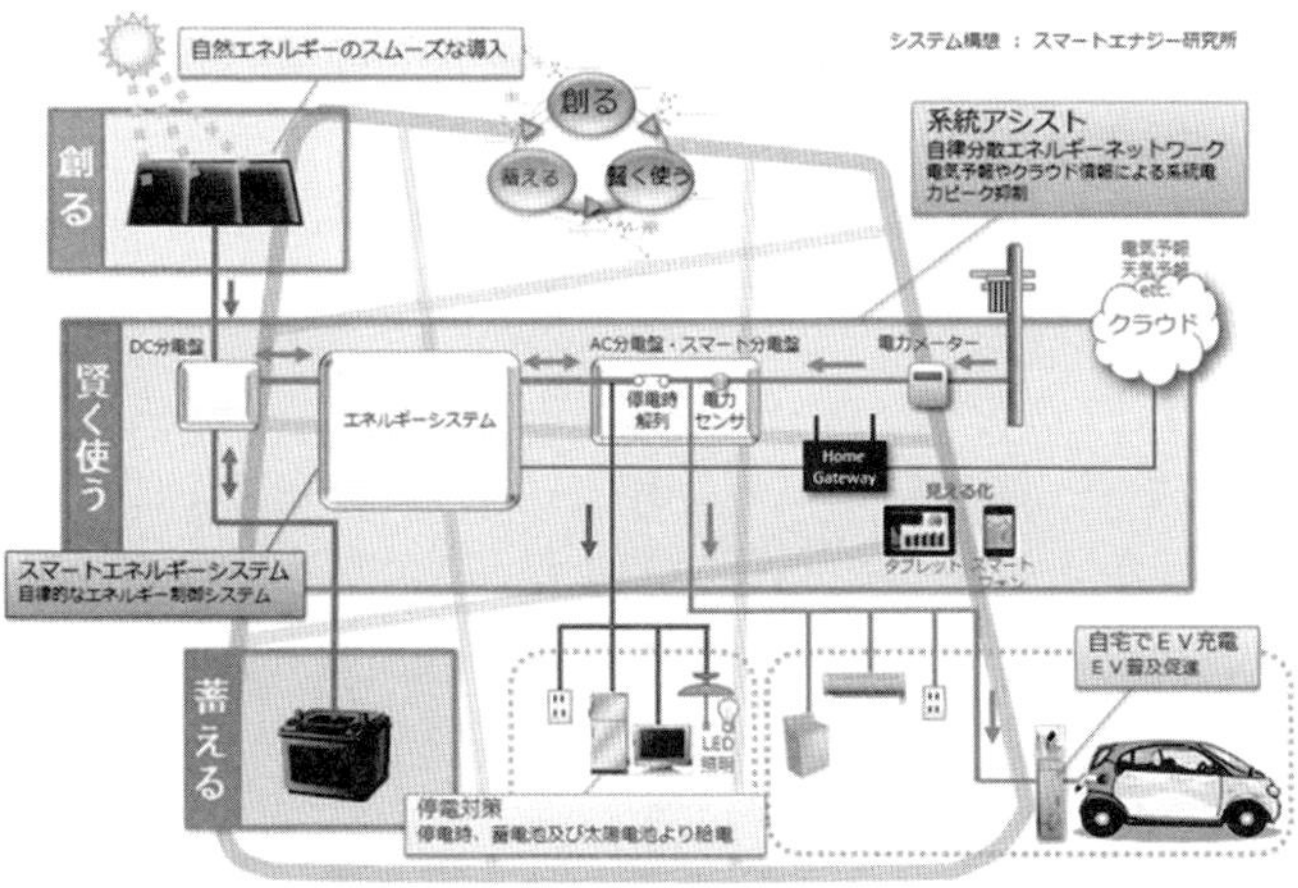

エネルギーシステム構成図（横浜スマートコミュニティご提供）

されている状況や、夜中に自動車が1台も交差点を横切ることがないのに、赤信号で止まっていた大型トラックが一斉にアクセルを踏み込んで動き始めるというムダなど、大きな課題ではあるものの、ITを有効活用すれば解決はさほど難しくないと思われるものについても研究会に問題提起し、議論を行いました。

第2部2(2)ⅲをぜひご覧ください。

❹ オープンガバメント

オープンガバメントは、行政機関がすべて自ら実施するという自前主義で行政サービスを提供するのではなく、市民や企業と協力して、より高い品質の行政サービスを実現するところに本質があります。そのために、まずは行政側の実態（ファクト）を示すデータを公開する必要があります。そして、単なる情報公開ではなく、市民や企業が自由に利用できるように、自由な加工や引用などの二次利用が可能となるオープンデータとして情報を提供することが不可欠です。

ＩＰＡにおいて本研究会の約1年半前に実施した「くらしと経済の基盤としてＩＴを考える研究会」では、「つながるＩＴがもたらす豊かなくらしと経済」をテーマに議論を進めました。そのなかの一つとして、オープンガバメントデータ、つまり誰もが二次利用できる形で政府が提供するオープンデータについても取り上げました。なお、ＩＰＡでは文字情報基盤（電子行政を推進するためのフォントと文字情報一覧表の整備）や語彙共通基盤（多くの組織がオープンデータを活用し、個々の単語について表記・意味・データ構造を統一し、互いに意味が通じるようにするための基盤整備）といった電子政府に必要不可欠な基盤事業を実施しています。

ＩＴの分野はドッグイヤーで目まぐるしく進化していますが、オープンデータについても例外ではなく、当初はオープンデータの必要性を疑う声もありましたが、昨年、国のＩＴ戦略に明確に位置づけられたこともあり、いまでは当然のごとく推進することが社会に認知されています。

本研究会では、オープンガバメントを構成する３要素として、①行政の透明性、②市民参加、③官民の連携について、それぞれ課題を抽出し、具体的なソリューションの例を挙げてみました。「税金はどこへ行った」という自分の支払った地方税の使い道が一目でわかるアプリや、住民がインターネットで道路の陥没などの情報を行政に通知する「Fix My Street」の導入や、官民共同で地域資源の磨き上げと情報発信についてＩＴプラットフォームを活用して実施する「橘街道プロジェクト」をその事例として取り上げました。

こうした事例を取り上げたのは、インターネット社会では、これまでのアナログな仕組みでは考えつかなかったような新たな取り組みが可能となるというＩＴによる価値創造の実例が、オープンガバメントという文脈のなかでもすでに存在していることを紹介し、行政や地域住民や企業において、こうした価値創造、すなわちイノベーションに前向きに取り組んでほしいという思いからでした。

❺ ダイバーシティ

ダイバーシティといえば、企業や行政機関などにおける女性参加の問題が最初に思い浮かぶことでしょう。

安倍内閣においても女性の活躍を成長戦略の重要項目としていますし、景気回復に伴う労働者不足の観点からも、M字カーブに代表される女性の就業問題が社会的に大きな課題となっていることは言うまでもありません。

しかしながら、ＩＰＡでＩＴを通じた社会課題のソリューションを考える場合、たとえばテレワークの導入などにより女性の参加を後押しするといった対症療法的な手段の例を挙げてみても、ダイバーシティにかかわる本質的な検討にはならないので、そもそも何のためにダイバーシティが必要なのかという原点から考えることにしました。

そのため、ダイバーシティをめぐる報道などをかき集め、３つのカテゴリーに分類してみました。

第一は、ダイバーシティを文字どおり多様性と捉えて、多様性を持つこと自体が競争力や優位性を実現するケースです。たとえば商社のように、世界各地の情報を集めて分析し、その市場ニーズに合わせて参入するため、現地の人をリーダーとして育成する仕組みを導入しているようなケースです。

第二は、能力本位で人材を登用することによって、結果としてダイバーシティが実現しているケースです。たとえば、ある外資系日用品関連企業では、性別や国籍などに関係なく能力主義を徹底したところ、女性の役員比率が50％近くになっています。この会社によれば、女性だからという理由で積極的に登用するといった考えはまったくなかったそうで、実力本位の結果であるとのことでした。このケースは、女性活用といった社会的風潮を気にして、本音では消極的なのに無理に体裁を整えようとしている企業や組織にとっては、耳の痛い話かもしれません。

そもそも、一人ひとりの女性がワークライフバランスを考えて自ら選択している就業のタイミングや形態（正規・非正規）もあることを無視して、マクロ現象としてのM字カーブの形だけを議論してみても始まらないのではないでしょうか。むしろ、多様な働き方を自由に選択できる機会を提供し、かつ制約を除去することにより、性別・年齢・国籍に関係なく能力を発揮できる環境を整えることのほうが重要でしょう。

なお、インドでＩＴ産業が盛んになった背景には、厳しいカースト制度の下で３５００近くあるカーストと職業がリンクしてきたなかで、これまでのカーストに紐づかない、自由に能力を生かせる新たな職種がＩＴ産業であり、あらゆるカーストから優秀な人材が流入したという歴史があるようです。これも、制約が取り払われて機会が与えられれば、出自に関係なく能力が発揮できることの証左であると言えるでしょう。

第三は、イノベーションを起こす原動力としてダイバーシティを捉える見方です。企業や組織でのダイバーシティを高め、イノベーションを起こしていく方法として、LinkedIn のようなSNSの活用可能性とその意義についても検討しました。

このように考えて、資料にまとめた上で研究会での議論に臨みましたが、委員の方からは、こうした分類学はさておき、そもそもなぜ、何のためにダイバーシティが必要なのかという根本的な指摘から始まり、この研究会でダイバーシティに関して何を議論しようとしているのかという厳しい指摘がなされ、激しい議論となりました。その激論の結果をまとめたのが第2部3(2)の部分です。

3　研究会における議論の過程

❶ 中間とりまとめと報告会

平成26年2月17日の第3回目の研究会を終え、そこまで、農業、医療、エネルギーという3つの分野について、それぞれ議論を行ってきたところで中間的に整理を行い、とりまとめて公表することにしました。多方面からご意見・ご指導をいただき、それをその後の研究会での議論や「最終とりまとめ」に活かしていくためです。

実際、3月31日の「中間とりまとめ」の公表後において、数多くの関係者を訪問し、中間とりまとめや研究会に関連した意見交換を行うことができました。

また、このうちKDDI(株)を訪問して議論した際、①健常者の電子カルテの可能性、②電子カルテの病院間共有、③救急医療時限定のカードによるカルテ情報の共有などの議論が出ました。非常に有意義な内容だったことから、この訪問をきっかけに、これまでに貴重な情報やご意見をいただいた方々をIPAにお招きし、「中間とりまとめ」に対するコメントをいただく「中間報告会」を企画しました。

この報告会は、医療、農業、エネルギーなど多分野の方が一堂に会することにより、参加者が互いに刺激され、我々が思いつかないような意見や情報が得られるのではないかという読みもありました。

結果、新しい話題や提案を数多くいただいた非常に有意義な報告会となりました。以下に「中間報告会」においての議論のポイントをお伝えしたいと思います。

① 農水省ではロボット技術、ICTを利用して超省力・高品質生産を実現する「スマート農業」に着目している。一方、誰が実行するかを具体的に決めていかないと絵に描いた餅になる。

② ITのハード機器の大半は砂ぼこりに弱いため農業用としての屋外への設置は不向き、センサーは高価であるため盗難に遭いやすい、GPSは斜面など丘陵地帯で正確に作動しないことがあるなど、ITを農業に導入する際の課題も少なくない。

③ 全国に先駆けて和歌山県病院協会に対して複数の中小病院における電子カルテ共同購入の提案を行い、採択された。共同購入や、カスタマイズを極力しないことでコスト削減を図った。

④ 医療データと食事のデータをビッグデータ化し、栄養価の高い農作物を提供することが可能になれば、予防医療の効果が増し、いわゆる〝医食同源〟により医療費削減につなげていくことができる。

⑤ スマートメーターなどセンサーが家庭のあらゆる場所に設置されることにより、家庭ごと、家電ごとの電気使用方法の「見える化」が進んでいく。各家庭がリアルタイムにどのように電気を使用しているかなどのビッグデータが得られることにより、エネルギー業界に大きなイン

パクトになる。

❷ 第1回から第3回までと第4回および第5回との関係

前述のように、中間とりまとめで総括された第1回から第3回までの議論は、農業、医療、エネルギーという各産業分野でのＩＴの役割について検討し、ＩＴが発揮すべき3つの機能を提示しました。それは、これらの分野の現場でのＩＴ活用により生産・サービスの高度化が実現されるという機能に加えて、供給者と需要者を直接結ぶ機能や、消費者自らが情報を発信することを可能にする機能です。

さらに、これらのＩＴの機能を通じて、情報の独占を崩し、既得権益や岩盤規制の壁を超えて新たなビジネスモデルや財・サービスの提供形態を生むというパラダイムシフトを可能にすることを提議しました。この中間とりまとめの副題が「情報はだれのものか？」とされた理由がここにあります。

一方、第4回と第5回では、オープンガバメントとダイバーシティという分野横断的な課題とＩＴの関係をテーマとし、オープンガバメントやダイバーシティを実現するに際してのＩＴの役割や、ＩＴ活用によりダイバーシティを実現することの意義などについて議論しました。

このように、第1回から第3回では、実現できるはずのものが実現できていない現状をＩＴの活用によって変えられる可能性を示し、いわば「マイナスをゼロに戻す」ＩＴの役割を論じたのに対して、第4回と第5回では、オープンガバメントとダイバーシティというそれ自体が実現する意義のあるものを通じて、新たな価値やこれまでにない財・サービスの提供が可能となることを示し、いわば「ゼロからプラスを生む」ＩＴの役割を示しました。

❸ 全体のとりまとめに向けて

本研究会の全体を通じてのとりまとめとして、「情報はだれのものか？」という問いに象徴されるような情報独占の崩壊に伴い、ＩＴによる新たな価値創造の可能性が生まれているなかで、実現すべき価値や目標から逆算してそのために何を解決すべきかを考える「バックキャスティング・アプローチ」を提言し、前項で示したような「マイナスをゼロに戻す」ＩＴの役割と「ゼロからプラスを生む」ＩＴの役割を示しました。加えて、こうしたＩＴによる社会課題の解決には、既得権益との調整、財やサービスのサプライチェーンのなかでの価値の在り処、マクロレベルとミクロレベルの課題解決の連続性についても考察を加えました。

以上のとおり、この章では第2部の「社会課題ソリューション研究会最終とりまとめ」を作成するに至る過程を詳らかにしてきました。第1部を読んでいただいたみなさんには、「最終とりまとめ」の趣旨がきっとわかりやすくなっていることと思いますので、ぜひ第2部に読み進んでください。

第2部

社会課題ソリューション研究会最終とりまとめ

（本文部分）

平成26年9月3日公表

はじめに

我が国経済は、長期にわたる停滞からの脱却に向けて大きな転換期を迎えており、安倍政権の進めるアベノミクスも第三の矢である成長戦略に注目が移りつつある。

一方で、世界の先陣を切って少子高齢化社会を迎える我が国がこのような好転しつつある動きを将来にわたって継続させていくためには、現在または将来に直面する様々な社会課題を解決していくことが不可欠である。

こうした中で、当機構として、インターネットを活用したＩＴによる我が国経済社会の課題解決の可能性を探るべく、昨年９月から「社会課題ソリューション研究会」を設置し議論を重ねてきたところ、参加を頂いた委員の方々を始め様々な分野の関係者から大変示唆に富む貴重な御意見等を賜り、この度、全体を通じての議論のポイントをとりまとめた。

本研究会においては、農業、医療、エネルギーの各分野の課題に対するＩＴによる解決の方向性に関する検討を行い、その後、オープンガバメントとダイバーシティというそれ自身が目的でもあり価値創造の手段でもある課題とＩＴの関係についても検討を重ね、その過程で頂戴した多くの御指摘や御示唆を踏まえてとりまとめを行った。

前者に関しては、既に本年３月に「中間とりまとめ」として公表し、自治体を始め各方面からの反応を頂戴しており、最終取りまとめに反映させて頂いている。

この度の最終とりまとめに際し、本研究会での検討に御協力を頂いた全ての方々に改めて深く感謝を申し上げるとともに、引き続き、多くの方々から御意見、御示唆を賜ることができれば幸甚である。

独立行政法人　情報処理推進機構
理事長　　藤江　一正

1　研究会の概要

(1)　設置目的

全ての人がインターネットを使い、全てのモノがインターネットにつながり、データが共有され流通するインターネット前提社会では、ＩＴの利用が社会や産業の興隆の鍵を握ることになる。また、ＩＴ活用の推進は、コストの急激な低減につながり、さらに技術の進歩や普及に大きな影響を及ぼす。このようなことから、積極的にＩＴの利用局面を提示することで、社会や産業の活性化を促すことも、ひとつの役割と捉えた。それが何であるか、まずは現状を認識しつつも、制約条件などを設けずに自由闊達な議論を通じて解を導き出すべく研究会を設置した。

(2)　委員等

【委員】（敬称略・五十音順）

阿草　清滋　　名古屋大学名誉教授／京都大学情報環境機構客員教授
金丸　恭文　　フューチャーアーキテクト株式会社代表取締役会長兼社長
川島　宏一　　株式会社公共イノベーション代表取締役

村井　純　　慶應義塾大学環境情報学部長

【経済産業省】

江口　純一　　経済産業省商務情報政策局情報処理振興課長（当時）

平山　利幸　　経済産業省商務情報政策局情報処理振興課課長補佐

【IPA】

藤江　一正　　(独)情報処理推進機構理事長

田中　久也　　(独)情報処理推進機構理事

立石　譲二　　(独)情報処理推進機構理事

中村　稔　　(独)情報処理推進機構参事兼戦略企画部長

【事務局】

西連地　二郎　　(独)情報処理推進機構戦略企画部次長（当時）

羽鳥　健太郎　　(独)情報処理推進機構戦略企画部調査役

楠木　真次　　(独)情報処理推進機構戦略企画部企画・調査グループリーダー

中山　顕　　(独)情報処理推進機構戦略企画部企画・調査グループ研究員

(3) 開催状況及びテーマ

第1回研究会　平成25年9月26日　「農業とIT」
第2回研究会　平成25年12月6日　「医療とIT」
第3回研究会　平成26年2月17日　「エネルギーとIT」
　　　　　　　平成26年3月31日　「中間とりまとめ」公表
中間報告会(※)　平成26年4月16日
第4回研究会　平成26年5月9日　「オープンガバメントとIT」
第5回研究会　平成26年6月26日　「ダイバーシティとIT」

※中間報告会出席者（敬称略・五十音順）
入内嶋　洋一　KDDI(株)技術開発本部技術戦略部マネージャー
上杉　登　(一社)全国肥料商連合会会長
沖本　浩一　シップヘルスケアHD(株)取締役　グループ統括室長
山崎　剛　J Power 電源開発(株)設備企画部企画室課長
山本　真市　TIS(株)執行役員　公共・宇宙事業本部副事業本部長

(4) 議論の経緯

本研究会では、第1回から第3回までは農業、医療、エネルギーといった我々が生活していく上で欠かすことのできない重要分野とＩＴの関連を議論した。

この中で、２(1)に詳細を示すような共通の観点（供給サイドの高度化、供給サイドと需要サイドの情報途絶の解消、消費者による情報の受発信）が浮かび上がってきたことから、本最終とりまとめの前半部分においても、この観点ごとに議論されたポイントや紹介された事例を整理した。

一方、第4回及び第5回の研究会では、個別の独立した分野ではなく、オープンガバメント、ダイバーシティといった、それ自体が目的でもあり価値創造の手段でもある課題を取り上げ、ＩＴの役割についての議論を行った。

したがって、本最終とりまとめの後半部分においては、前半部分とは異なり、オープンガバメント及びダイバーシティの目的をまず整理した上で、事例を交えた検証や議論のポイントをとりまとめたところである。

2　産業分野での課題解決に向けたＩＴの役割

(1)　ＩＴがもたらす革新の3つの観点

本研究会では、初回から3回にわたって農業、医療、エネルギーの3つの分野における課題とそれらに対するＩＴによるソリューションの方向性を検討した。

その結果、それぞれの分野に共通する以下の3つの観点が浮き彫りとなった。

第一は、ＩＴが、生産者やサービス提供者などのサプライサイドの現場において、革新的な生産方法やサービス提供手段を生む点である。

第二は、供給側と需要側との間で生じている情報の途絶がＩＴによってつながり、生産者やサービス提供者が個々の需要主体の情報を得てより効率的・効果的な活動ができることである。

第三は、消費者が自らの情報を保有し、発信し、コントロールできる手段を入手したことで、これまでの生産・流通・消費の構造に大きな変化を起こし、これまでにない利便性、効率性、付加価値を生む可能性が高まっていることである。

①　第一の観点について

農業生産の現場においては、例えばセンサー技術、データベース、ロボット制御といった分野の融合による新たな生産の効率化の試みが数多く実施されており、その典型的な応用として、野菜工場の導入事例も増えつつある。また、データベースの応用として、耕作放棄地の情報も含めた農地バンクなども設立され始めており、単なる位置や面積だけではなく、肥料や農薬の散布履歴、日当たりや水はけ、土壌の性質等も含めたデータベース化により、耕作対象物の最適化や生産の効率化につながることが期待される。

次に、医療の現場では、例えばＣＴ（コンピュータ断層撮影）やＭＲＩで立体構成された個人の臓器を内部の血管まで正確に、かつ、材質の工夫により水分や硬度までも忠実に、３Ｄプリンタで再現して手術前のシミュレーションに活用することにより安全性や正確性の向上に貢献したり、高解像度・超高速データ通信技術と精密ロボット技術を応用した遠隔地での医用画像や内視鏡画像の共有、ビデオ会議による医療実務教育などにより医療過疎地での高度医療の提供が実現するなど、ＩＴの進展が不可能を可能にする様々な取り組みが進められている。

さらに、エネルギー分野では、原発停止に伴う電力供給不足に対するピークシフト対策として、デマンドレスポンスなどのＩＴがその実現に不可欠な手段の導入が進んでいる他、省エネ型データセンターやスマートコミュニティ、カーシェアリングの導入など、ＩＴに支えられた省エネ型経済社会の実現に向けた動きが加速している。

② 第二及び第三の観点について

具体的に見ると、農業分野では、例えば、曲がったキュウリは規格外として農協では引き取られないため農家は処分していたが、レストランが食材として農家から直接購入することがインターネット取引により可能となり、また、段ボールや肥料など農協が独占的に供給していた生産財もインターネットを通じて直接事業者から入手できるなど、これまで農協に独占されていた流通に大きな変化が生まれ、結果として生産効率の向上や消費の拡大が実現されうる状況になっている。

次に、医療の分野では、これまでの紙のカルテの時代には、病院（医者）が患者の情報を独占していたが、今後電子カルテシステムが普及し、クラウド上でどこの病院や医者でも、患者本人によるパスワード提示などの同意に基づいてそのカルテを見ることができれば、既存の検査データや治療データを医者が活用して一層高度な医療サービスを提供できるとともに、検査や投薬の重複を避けることによる医療費の削減にも大きな効果が見込まれる。また、健康な時のデータさえも個人が蓄積できることにより予防医療や先制医療が進展すれば、これも健常者の増加と健康年齢の向上で医療費削減につながる。さらに、こうした情報を蓄積することにより、ビッグデータとして活用でき、疫学的研究など、医療水準の向上に寄与することが期待される。

また、エネルギー分野では、これまで、電力会社やガス会社から一方的に提供されるエネルギーの使用に甘んじていた需要サイドでの行動が大きな変化を見せようとしている。すなわち、太陽光発電などの再生可能エネルギー技術の導入に加え、スマートメーターやＩＴ制御機器の一般化に伴い、消費者自らが家庭単位での畜放電も含めた需給の主体となり、各家庭や事業所、さらに地域ごとのエネルギーマネジメントに関与しコントロールしていくことが可能になろうとしている。

③ 課題解決に向けたITの役割

前記の視点のうち、特に、第二及び第三の点、すなわち、ITにより情報を手にする主体そのものや当該主体間の関係にこれまでにない劇的な変化が生じつつあり、これにより我が国経済社会に大きな発展の転機が訪れている。

このように、ITという光をこれらの3分野に当てることにより、これらの分野の課題解決に向けて、ITがなければ実現不可能であった新たな選択肢を私たちは手にすることが可能となった。

しかしながら、こうしたITの導入による改革を実現するためには、既得権益者からの反対や規制の網を突破することが必要であり、このため、採択して実行に移さないことが社会的非難を受けるような合理性、正当性、倫理性を持った実現可能な選択肢をITの側から提案することによって課題を解決していくことが求められる。

これこそが、社会課題をITにより解決する方策を検討するという本研究会の目的に応えるコンセプトであり、手法であると言えよう。

(2) 農業、医療、エネルギーの各分野でITがもたらす革新

本項では、第1回研究会「農業とIT」、第2回研究会「医療とIT」、第3回研究会「エネルギーとIT」での議論の内容について、(1)に示した3つの観点からの整理を行った。また、中間とりまとめの後、有識者の方々に議論いただいた中間報告会での意見等も反映した。

なお、本研究会では、広範囲にわたる議論がなされ、3つの観点に必ずしもあてはまらない重要な論点も多く、それらについては「その他の論点」として整理した。

i ITが農業分野にもたらす革新（3つの観点）

① サプライサイド（生産現場）の高度化

昨今、農業生産現場において、農業従事者の高齢化や耕作放棄地の拡大などの課題がある一方、ITを有効活用し、生産・管理を高度化する取組みが行われている。

(a) センサー技術などを活用した情報収集

高機能肥料散布機など農業機械のセンサーや人工衛星からのレーザーで観測した土壌情報・生育情報を収集・分析・蓄積を行うことで、より高品質な農作物を効率的に収穫していこうとする取組みが行われようとしている。

(b)　ＩＴによる栽培・管理

これまで農業従事者の経験や勘に頼っていた栽培・管理作業について、農薬・肥料の散布量の集計や生育状況とのタイミングの詳細記録などをＩＴによりナレッジベース化する取組みが広がりつつある。

こうした取組みにより、農業従事者の高齢化に伴うノウハウの消失防止が図られるとともにノウハウの公開や共有を通じて異業種参入が期待される。

(c)　ＩＴを活用した農地集約化

政府が検討している農地集約・大規模化に向けた中間管理の仕組み（農地集積バンク構想）については、後継者が少ない現状では、むしろ大きく進捗する可能性がある。

小さな耕作地をまとめた一括管理は、ＩＴを利活用することで、より効果的にスケールメリットを出すことができる。

②　供給サイドと需要サイドの情報途絶の解消

需要サイドまで含めたサプライチェーン全体を意識し、第二次産業（例えば、農産物の加工）や第三次産業（例えば、レストランでの提供）との間の垣根を取り払い、横串を通すのがＩＴの役割であると言える。

このため、生産現場におけるＩＴの利活用の促進はもとより、生産・流通・消費の各分野を有機的に結んで共有情報として活用するITプラットフォームを構築することが有効であると考えられる。

(a) 豊作貧乏の解消

これまで農業生産者は生産を行い農協など一ヶ所に集中的に出荷することが多く消費の形態も限られていた（単一販売ルート）ため、自然環境などの要因で供給量が増えると直ちに豊作貧乏の状態が生まれていた。

例えば、農産物の加工会社がインターネットを通じて外食産業等への販売ルートを拡大したり海外展開するなどにより、生産物の引取先が多様化し、拡大することを通じて、豊作時にキャベツをトラクターで踏みつぶすような事態を防ぐことが可能になると考えられる。

(b) 出口戦略を意識した生産

農作物価格は市場動向により変動しやすいため、農業生産者は単純に生産した農作物を出荷するだけではなく、付加価値を高める出口戦略が重要となる。例えば、みかんをそのまま出荷するだけでなく、ITを利用したプラットフォームなどにより、パティシエと連携して「みかんケーキ」として加工・販売する方法などが考えられる。

このように、生産物の最終的な消費の形（出口）を意識した生産活動により、生産物の高付加価値化とともに、新たな需要を掘り起こす効果も期待される。

(c) 農家が得る独自の調達ルート

かつて農協の販売網から離反した農家には、農薬、飼料、出荷用ダンボール箱などが供給されないなど、いわゆる〝囲い込み〟が指摘されてきたが、ITによって、これらの生産資材等を農家が独自にメーカーなどから直接調達できるルートが確立しつつある。

③ 消費者による情報の受発信

生産、流通、消費の各分野それぞれが、ITを通じて有機的につながることは、消費者から見た場合、生産・流通情報の獲得に加え、生産現場に向けた自らの情報の発信を可能とする。

(a) 消費者による産地情報の獲得

これまで消費者は限られた産地情報しか得られないまま農産物を消費しており、産地偽装問題も繰り返される中で、消費者の不安が高まっている。

ITによるトレーサビリティの向上を通じて、消費者が詳細な産地情報を得ることができれば、こだわりある農産物の選択や安心・安全の確保された消費生活が実現される。

(b) 消費者ニーズに応じた生産活動

ITを活用して、消費者が自らのこだわりや好みを発信していくことで、これを受け取った生産者は消費者ニーズに応じた生産活動を行うことができる。

また、これにより生産者のマーケットへの積極的な意識が醸成され、農業生産者間での出口戦略を踏まえた競争が一層促進される。

④　その他の主な論点

(a)　農業者支援のあり方

農業生産者は、平均年齢66・2歳（平成25年：農林水産省統計）と高齢化が進み、後継者不足も深刻である。

このような中、ＩＴを活用した高度な農業経営を目指すモチベーションの高い農業生産者に対して積極的に支援を行うべきである。

(b)　スマート農業実現に向けた検討

農水省では、ＩＴやロボット技術を活用し、超省力化や高品質生産等を可能とする「スマート農業」を掲げている。

この「スマート農業の実現に向けた研究会」が実施されており、その提案内容の実現が期待される。

(c)　海外実態調査

オランダでＬＥＤによる人工光利用で栄養素の含有率が向上した作物を栽培した例やインドで日本のイチゴ栽培技術を導入した例などＩＴを利用した農業管理の成功例が海外でも出ている。

オランダ、北欧、イスラエル、インドなどのＩＴによる農業の実態調査を実施することにより、さらなる展開が見えてくると思われる。

(d) 海外展開へのグランドデザイン

日本のセンサー技術やネットワーク化された農業機械を利用してデータを収集・分析し、農産物の品質や生産効率の向上を実現すれば、農産物そのものの競争力が向上し、輸出が実現できる。

さらには、これらのノウハウを知的財産として輸出する可能性も考えられる。

また、世界標準であるＧＬＯＢＡＬ－ＧＡＰと日本の標準であるＪ－ＧＡＰの違いを正確に認識することなど、トータルシステムとして海外展開できるようなグランドデザインを描くことが重要である。

なお、ＩＴを活用した生産管理は、正確な栽培・管理記録が残り、また第三者への証明が可

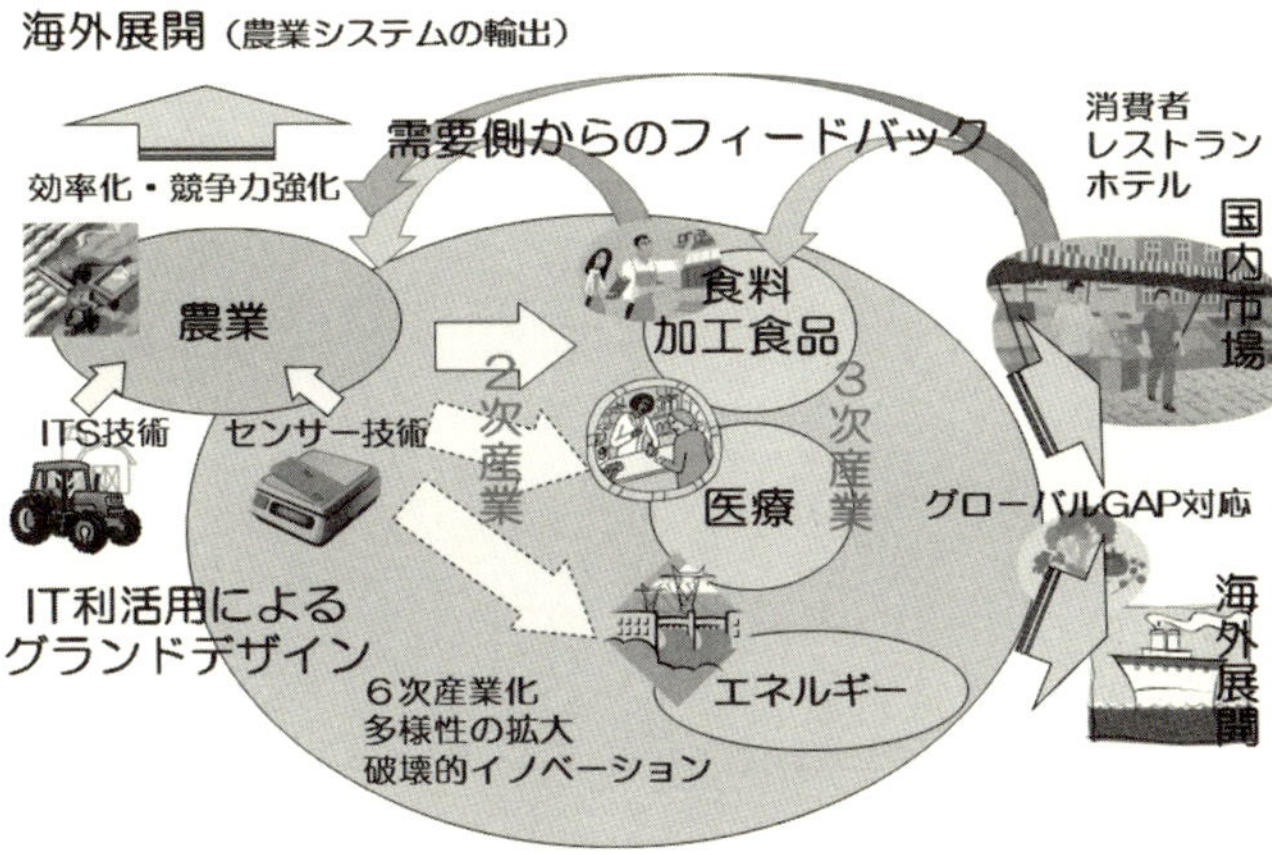

農業の6次産業化

能となるため、GLOBAL-GAPへの準拠を容易にする。

ii　ITが医療分野にもたらす革新（3つの観点）

①　サプライサイド（医療現場）の高度化

医療現場においては、特に大学病院を中心に、ITを活用した最先端医療が実現しつつある。例えば、これまで普及してきたMRIなどの「可視化」に加え、3Dプリンタを活用した「可触化」へと進化しており、こうしたIT活用による新技術は手術等における高度な医療行為の安全性や正確性の向上に寄与するとともに、医療過疎地に高度医療を提供できるようになるなど、医療現場に大きな変革をもたらしつつある。

(a)　3Dプリンタを利用した臓器シミュレーション

MRIで撮影した断層データを3次元化したデジタルデータを基に3Dプリンタで一人一人の患者の臓器の立体モデルを水分まで含んだ質感や内部の血管も含めた構造まで精密に再現できるようになった。

これにより病巣の3次元的診断、手術の事前シミュレーション、患者や家族への分かりやすい説明などが可能となっている。

(b)　プロジェクションマッピングを利用した手術

プロジェクションマッピングの技術により、例えば手術前にガン患者の腹の上に、本人の内臓を正確な位置に映し出すことが可能となっている。

これによりガン細胞の場所や切開するポイントの正確な把握や切開を最小限にすることが可能となっている。

(c) 4K／8Kカメラを利用した内視鏡

医療用カメラを4K／8Kといった高画質・高解像度にすることにより、高精細で自然な立体視ができるようになっている。

これにより内視鏡による診断や手術の際に正確な患部の状況の把握が可能となっている。

(d) 医療データ・画像の共有システム

過疎地など遠隔地での高度医療を可能とするため、高解像度・超高速データ通信技術により精密な画像を都心部の大学病院に送信することができ、大学病院では送られてきた情報を基に複数の医師が病状を判断し、的確な指示を出すことができる。さらには、精密ロボットを活用することにより遠隔操作で手術を行うことも可能になっている。

同様の技術は、遠隔地における医療実務教育にも活用されている。

② 病院と患者、病院と病院間の情報途絶の解消

インターネットでつながる電子カルテシステムの導入によって、紙のカルテやスタンドアロー

ン型の電子カルテの時代には病院や医師が独占していた患者に関する情報が、他の病院や薬局さらには患者本人との間で共有可能となる。これにより医療サービス全体のさらなる高度化・効率化（投薬や検査の重複の回避による医療費の削減、災害時に備えた医療情報のバックアップ体制の構築など）を実現できる可能性が高まる。

(a) 電子カルテと周辺システムのネットワーク化

電子カルテシステムは、「カルテの電子化」という意味では大規模な病院を中心に普及が進んでいるが、単独の閉じられたシステムではなく、検査、リハビリ、薬剤、会計、救急など他の医療情報システムを有機的につなげていくことで大きな効果が得られる。

(b) 電子カルテのデータの相互利用

電子カルテデータの病院内や同一系列病院間の相互利用の実例はあるが、システムの相互運用性やシステムメーカーによる顧客囲い込みなどの問題があり、例えば県内全病院での共有といった大きな広がりとはなっていないのが実情である。

また、電子カルテには、検査、診断、処方などのデータがあり、中には診断や治療についての医師のメモなどが含まれているケースもあり、電子カルテデータの全てを共有するとなると医師にとって抵抗感がある場合も生じるため、検査データなど可能な部分から共有するというアプローチも考えられる。

(c)　電子カルテシステムの共同整備と非常時の情報共有体制

開業医や中小病院は経営が厳しく高額な電子カルテシステムを導入する余裕がなく、仮に導入できたとしてもランニングコストが高いためシステムを維持できない。こうした中で県の病院協会が中心となり、最低限の機能を共通化してコストを抑えることで電子カルテシステムの共同整備を行った例がある。

この例では、病院ごとのカスタマイズは行わず他病院との連携を容易にしておき、平常時には病院間の連携はなくても、仮に巨大地震が起こった場合などにはパスワードを公開してカルテ情報を病院間で共有できる仕組みとなっている。

こうした取り組みを検討している自治体が徐々にではあるものの増えており、成功モデルを示していくことが重要である。

(d)　医療データの教育・研究目的への活用

電子カルテを含めた医療データは、医療行為以外の教育や研究の目的では利用できないのが現状であるが、個人情報の保護を確保しつつ、より多面的な利用ができるようになれば、結果としてデータの相互利用も進む可能性もある。

③　個人による情報の受発信

医療データや健康データを本人が管理・コントロールすることが実現できれば、医療情報の一元化、ビッグデータ化を通じた医療の高度化へと発展していく。

さらには自らの健康データを管理する個人が増加することにより、予防医療・先制医療が強化され、健康年齢の向上や医療費削減に寄与すると考えられる。

(a) 医療データの個人管理

人間ドックの結果やお薬手帳のデータのように、医療機関が患者に医療データを積極的に提供して患者が自己管理するようにすれば、過去からの個人医療情報が散逸することなく集積される。

このように医療情報の個人管理が進むとセカンドオピニオンの積極的活用など、これまでは情報が乏しかった患者自身がより多くの情報を持ち、その情報を活用できることになる

(b) 健康データの個人管理とクラウド化

電子カルテシステムを活用して医療データに加え、食事・運動・喫煙など健康時のデータ（いわば〝健康時のカルテ〟）を個人が作成・自己管理し、さらにクラウド上に一元化して管理することにより、医療機関と患者、あるいは医療機関の間で当該データの相互利用が可能となる。

(c) ビッグデータ化への応用

個人が医療データや健康データをクラウド上で受発信し、こうした情報がビッグデータ化さ

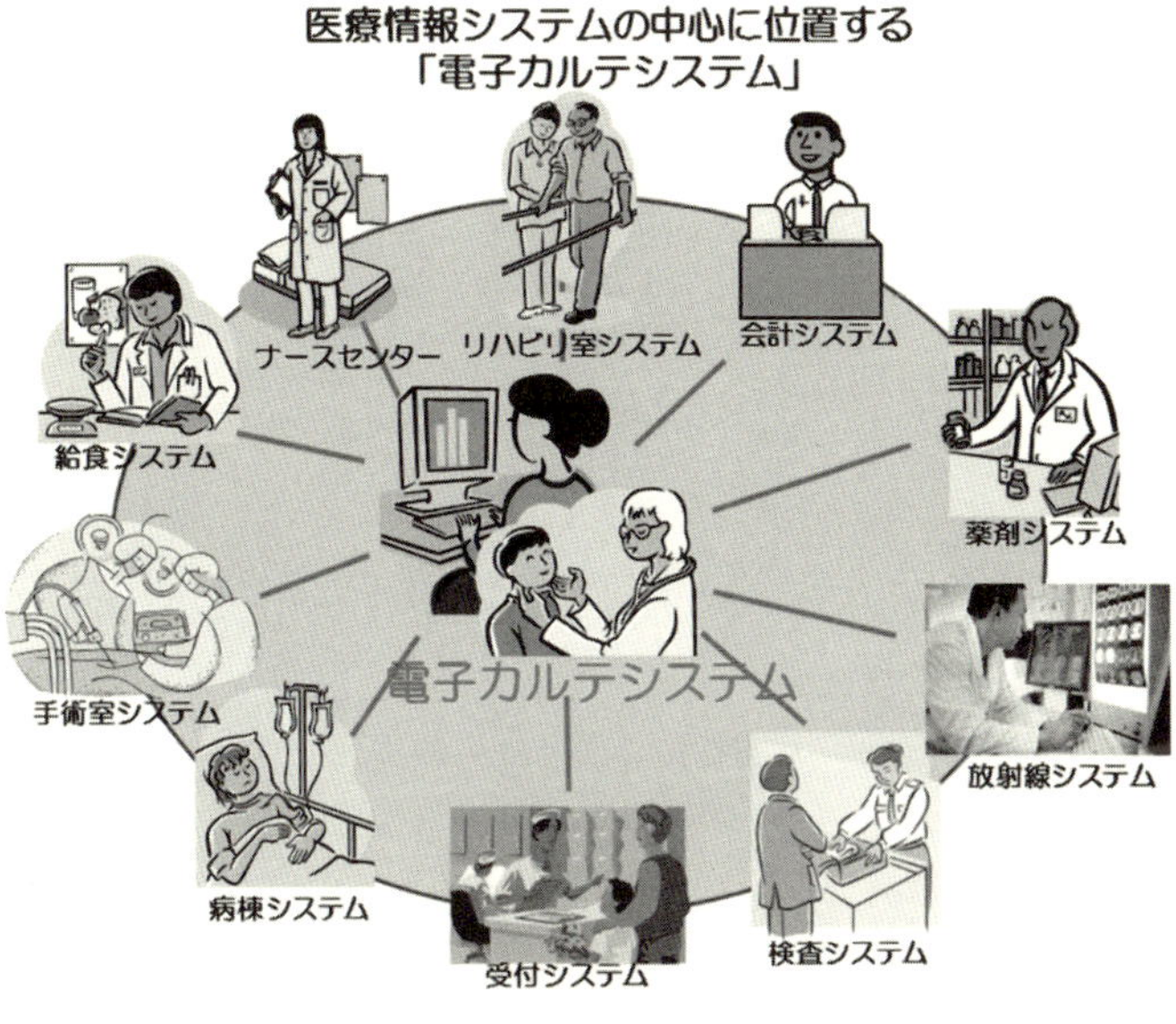

医療情報システムの相互連携

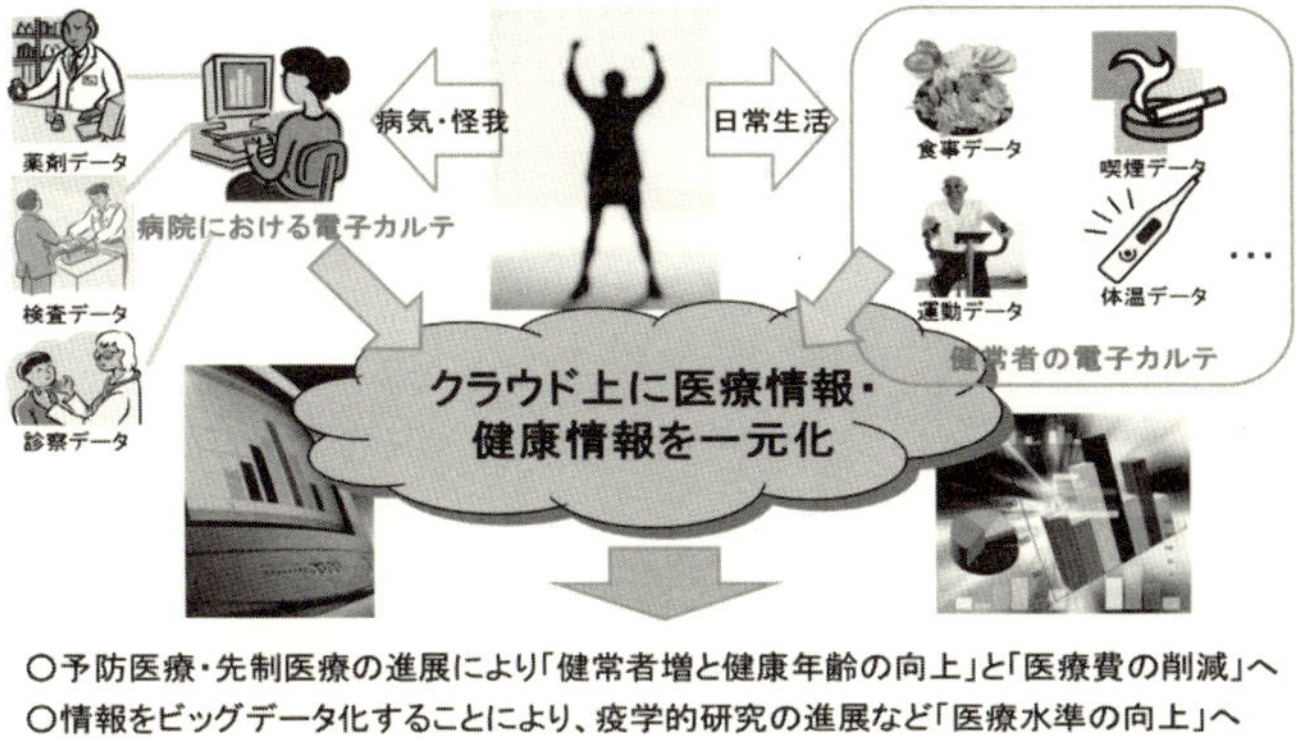

医療情報のクラウド化

れれば、それらの分析を通じ、健康時の食事や運動のアドバイス、病気になった場合の漢方薬の処方など、きめ細かなサービスが可能となる。

これらの取組みは、医療特区などを活用して実証実験を行い、その成功ケースを全国に展開していくことが求められる

(d) ビッグデータから医食同源への展開

医療データや食事データがビッグデータ化されることにより、健康に良いことが実証された食事・農作物の提供が可能となる。

こうした情報を活用して日頃から健康に良い食事を取ることは、病気の予防につながり、まさに〝医食同源〟を実践することになる。

(e) 医療サービスのビジネス化

健康な状態や健康への意識が高まることでメリットを受けるのは本人だけではなく、体調の自己管理を行う人が多く集まるフィットネスクラブやスポーツクラブ、保険医療費の支払いが減少する保険会社や健康保険組合、自治体などが考えられ、これらの機関にとっては、大きなビジネスチャンスや財政支出削減の機会となる。

例えば、滋賀県袋井市と守山市では、運動、食事、特定検診の受診などをポイント化し、一定以上たまると商品券を渡す取組みを行っており、市が負担する商品券費用と比較しても、そ

れ以上の医療費削減に寄与している。

(f) 残薬問題の解消／ジェネリック薬品の利用促進

お薬手帳の電子化により、患者がスマートフォンのアプリなどを通じてクラウド上で薬の処方情報の管理を行う取組みを行い、自治体や病院・薬局と情報を共有できれば、ジェネリック薬品の利用促進や異なる医療機関の重複処方による残薬問題の解消に寄与すると考えられる。

例えば、呉市においてはレセプトを分析し、パテント薬品のみを使っていて高額な薬品コストがかかった人をピックアップし、ジェネリックの利用促進通知を出したところ、年間数億円ものコスト削減を実現した。このように、個人の意識を高めることが国全体としての医療費削減につながることから、国や他の自治体でも、こうした取り組みが検討されている。

④ その他の主な論点

(a) 医療機器の輸出増加に向けた検討

医療機器（分析機器、診断機器、治療機器等）については、輸出が伸び悩む一方、輸入は急増しており、今後一層の国際競争力の強化が求められる。

(b) 医療機関におけるＩＴ技術者の登用

医療機関においても積極的にＩＴ技術者を登用し、システム発注やシステム予算の確保などについては、医療の視点のみならずＩＴの視点からシステムの構築・運用に関わることが望ましい。

(c)　重複検査の回避

ＭＲＩなどの高額の検査機器は、稼動させないと収支が合わないという医療機関側の事情があり、同じ患者が他の医療機関と重複して、こうした機器による検査をされるケースが多い。

このため、同じ検査を一定期間内に再度行う場合は、患者の自己負担を増やす、あるいは医療機関には保険点数を低くするなど逆のインセンティブを与える方法も考えられる。

(d)　予防医療に向けた取組み例

医療費削減に向けて病気の予防は大きな要素であり、佐賀県多久市では、市民の特定検診データを分析し、少しでも異常が見受けられると健康指導を行い、健康寿命を延ばす取組みを行っている。

(e)　セキュリティの確保

個人の健康データをオープンクラウド上で活用するためには、共通ＡＰＩ（Application Programming Interface）の整備が必要になるとともに、個人情報の保護の観点から高度なセキュリティの確保が求められる。

個人情報へアクセスする前のゲートウェイやデータ入力のログまでデータ追跡を可能とした徹底管理（トレーサビリティ）などの技術の導入が求められる。

iii　ＩＴがエネルギー分野にもたらす革新（３つの観点）

①　サプライサイド（エネルギー供給サイド）の高度化

エネルギー分野においては、原子力発電所の停止に伴う電力供給力不足問題が深刻化するとともに天然ガス、石炭、石油といった輸入に頼らざるを得ない化石燃料への依存度が高まり膨大な国富の流出が続いている中で、社会構造としての一層の省エネ化が焦眉の急となっている。

このため、電力需要のピークシフト対策やスマートコミュニティ構想の推進などが急がれている一方、さらに単なるエネルギー消費の抑制だけではなく、災害、医療、高齢化などに対応できるスマート社会を実現するため、サービスの供給サイドにおいてＩＴを利活用し、社会全体として様々な厚生（ウェルフェア）を拡大させる取り組みも必要となっている。

(a)　スマートメーターによるネットワーク化

従来のアナログ電力量計は順次、スマートメーターに交換され始めており、スマートメーターを介して、供給サイド（電力会社）と需要サイド（消費者）が直接つながることにより、電力消費量の自動検針のみならず、家電別・時間帯別など詳細な電力消費情報が得られることになる。

これらの情報を分析することにより、柔軟な変動料金制（ダイナミックプライシング）の導入や電力の供給状況に対応した電力消費を促す方策の導入（デマンドレスポンス）も進められつつある。

(b) 自然エネルギーを活用したデータセンター

電力を多く消費するデータセンターは、エネルギー使用を抑制するために自然エネルギーを最大限活用する動きが見られる。

例えば、北海道の冷涼な気候や除雪後の雪の冷熱を利用したデータセンター、雨水利用・地中熱利用・外気冷却など自然エネルギーを活用した都市型データセンターなどが既に運用されている。

(c) 自由度の高いカーシェアリング

カーシェアサービスは、従来は決められたステーションでの利用に限られていたが、スマートフォン等であらかじめ登録しておけば乗り捨てが可能なカーシェアサービスが始まっている。

これにより、使用目的終了後に車を返却するための燃料の無駄使いや利用者の不必要な動きを減らすことにより、省エネのみならず時間の節約という経済的効果も実現されている。

② エネルギーの供給サイドと需要サイドの情報途絶の解消

前記①と同様、ネットワークを通じたエネルギーやサービスの供給サイドと需要サイドの間での情報共有により実現するスマート社会は、エネルギーを効率的に使うことのみならず、様々な社会的厚生（ウェルフェア）の拡大に寄与する。

各地で行われているスマートコミュニティ実証実験においても、こうした社会的厚生の拡大は重要なテーマであり、健康長寿や災害対策などの新しい価値を生んでいくこととなる。

(a) HEMSによるエネルギーフローの管理と〝見える化〟

エネルギー監理システム（HEMS）の実現により、系統電源、太陽光発電、蓄電池など各家庭で利用するエネルギー源の選択、利用状況のリアルタイムでの把握、蓄積したデータの統計処理による需要予測などが可能となる。

これらのデータの〝見える化〟を実現し、供給サイドと消費者サイドが情報にアクセスできるようになれば、BEMSやCEMSなどへの広がりとあいまって、エネルギーの需給構造の変革やエネルギー関連企業の競争も生まれる。

(b) 災害時のエネルギーの余力把握

各家庭や自動車にある蓄電量に加えて企業や地域全体の蓄電量が明らかになれば、災害時にモニタリングすることにより地域のエネルギー供給の冗長性（リダンダンシー）を確保することができる。

なお、災害時においても経済・社会活動を維持していくためには、インターネットを止めない最低限のエネルギーを確保する必要がある。

(c) 位置情報を提供するコミュニティバス

路線バスが今どこを走っているかリアルタイムにスマホやタブレットに知らせるサービスが地域で始まっており、高齢者や障害者が長くバス停で待つことがなくなるなど、社会的厚生（ウェルフェア）の拡大につながっている。

③ 消費者による情報の受発信

エネルギー消費の詳細データなどの情報を消費者が管理・コントロールし、発信することにより、エネルギー源の選択、ビッグデータ化された情報の有効活用などが実現され得る。

(a) 効率的に運行するオンデマンド交通

赤字路線バスを廃止し、その代わりにワゴン車や乗用車を活用し、ドア・ツー・ドアで利用者を送り届けるサービスが既に行われている。運営サイドでは予約された内容から、ＧＰＳを活用し、配車ルートや利用者のピックアップ順など整理し、効率的な運行を行っている。

乗客が少ないバスを運行させることによる燃料の無駄遣いを抑制するとともに、ＩＴの活用により状況に応じた迂回路線での運行や利用者の希望する乗降場所・時刻に応じた運行が可能になり、高齢者や障碍者などを含め地域住民の利便性を向上させることができる。

さらに、渋滞解消にも寄与することから、無駄になるエネルギーを減少させることとともに、ドライバーの時間ロスの解消や精神的負担を軽減する効果もある。

(b) シグナルコントロール

(a)のオンデマンド交通に加えて、センサー技術とそのデータ分析を活かした信号機の制御を広範囲に行うことにより、渋滞解消と省エネルギーに寄与し得る。

例えば、幹線道路で夜中に赤信号で多くの車を停車させても一台の車も一人の人間も横切らない交差点が数多く存在し、大型トラックなどが停車・発進するごとに莫大なエネルギーの無駄が日本全国で毎日数え切れないほど生じている。

これについて、感応式信号の導入やセンサー技術・GPS情報に基づくシグナルコントロールによる解決がコストや技術の面で困難ではない。現状を放置した場合、省エネの観点のみならず、渋滞による時間の無駄をGDP換算するならば、日本全体で日々失われる経済的損失は極めて大きい。

(c) ビッグデータ化による新たな展開

交通システムにおいてもビッグデータの活用が重要であり、例えば自動車のワイパー作動状況などのプローブ情報をITS技術と組み合わせて蓄積することで気象庁のレーダーでも検知できないような局地的なゲリラ豪雨の状況を詳細に把握でき、さらに運転手へのフィードバックが可能となる。

東日本大震災の際、各自動車メーカーが顧客から収集した通行実績データを共有して公開した「通れた道マップ」は、高い評価を得たと言われている。これにはITSジャパンが以前から行っていたデータの標準化が大きな効果を発揮した。

こうした事例のように、個のレベルの情報を発信することは、ビッグデータ化を通じて、個人（本人）の厚生（ウェルフェア）の拡大に寄与する。

④ その他の主な論点

(a) データセンター事業の国際展開

データセンターに関し、日本のデータセンターの一部を自然冷却技術が活用できる北海道に設置し、地域として情報基地の役割を担っていければ、アジアの金融事業などのデータセンターを誘致、集積できる可能性が出てくる。

(b) コンビニの災害情報拠点化

コンビニエンスストアにおいて無停電電源（UPS）の導入が義務化すれば、災害時においてもインターネット接続が確保される。

さらにPOSを利用し、不足している物資や消費の状況を発信することが可能となるため、コンビニが地域の災害情報発信基地となりうる。

(c) 家電の直流電源化のメリット

家庭内の電源を交流電源（AC）から直流電源（DC）に変えれば、コンセント接続のみでインターネットへの接続が可能となる。

また、ソーラーパネルで発電した直流電源（DC）をそのまま無停電電源（UPS）に蓄電し、配電すれば、大幅な省エネ化が実現できる。

(d) スマートコミュニティのさらなる発展

ITや省エネなど最先端の技術を組み合わせた環境配慮型都市（スマートコミュニティ）の実現とビッグデータ化により、ガスと電気のセット販売や通信会社との連携（例えば、A社と契約すれば電気代1ヶ月無料）などの新たなサービスが考えられる。

(e) スマートコミュニティ実現に向けた課題

スマートコミュニティ実現に向けた課題を解決しようとすると、具体的な責任者、受益者、価格、補助の有無などを明らかにした上で、全体の社会システムあるいは制度的なものを含めて課題の立て方の精度を上げる必要がある。

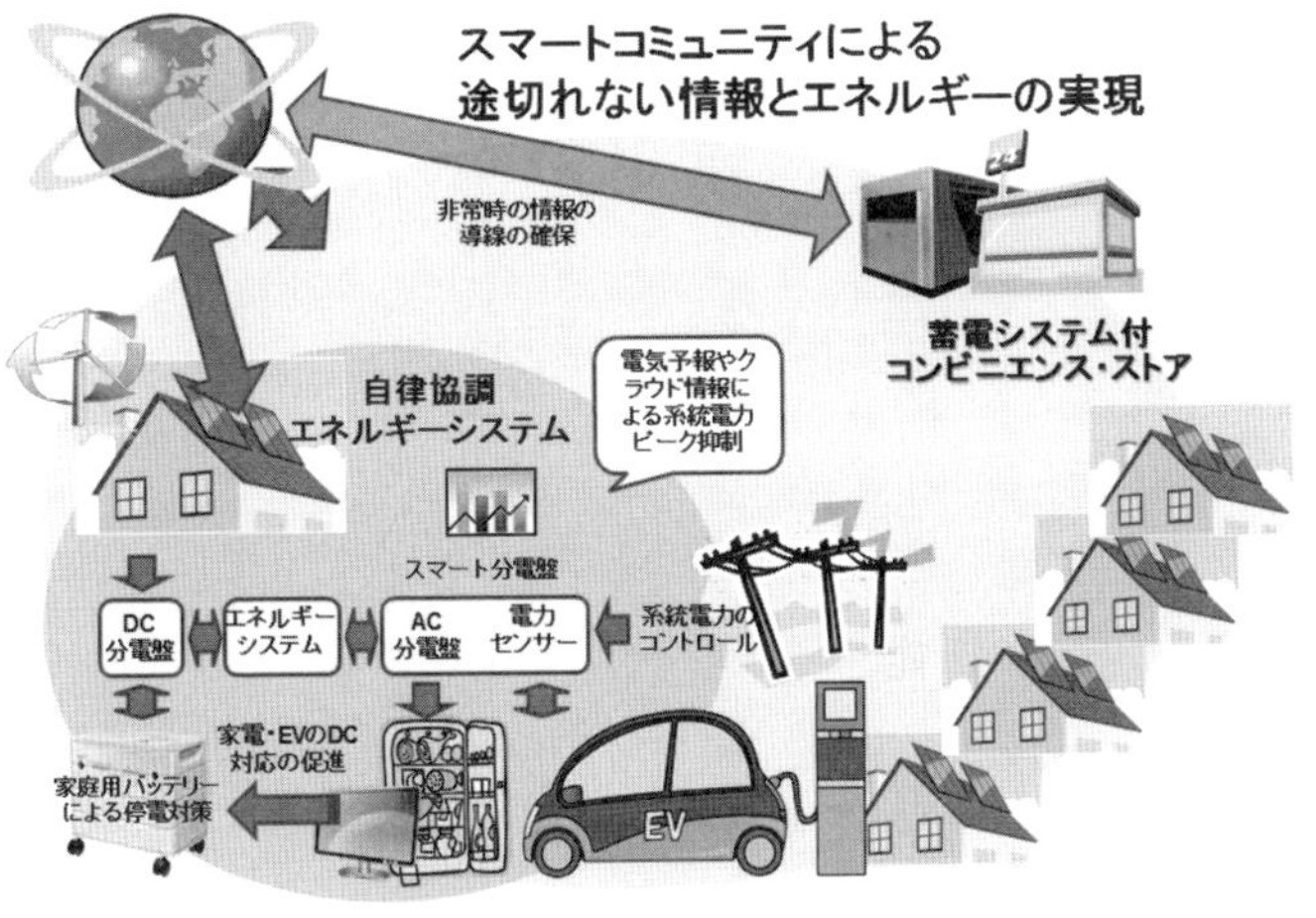

エネルギーの相互分散利用

(3) 「情報は誰のものか」

i 「情報は誰のものか」という問いの趣旨

① 経緯

本研究会の第1回から第3回にかけて検討してきたとおり、農業、医療、エネルギーの分野において、農協、病院・医師、電力会社といった財やサービスの供給サイドに独占されていた情報を、インターネット社会の中で、需要サイドや最終消費者が容易に入手することができ、その情報を用いた活動を行うことが可能となった。

加えて、消費者やサービスの受け手さえもがインターネットを通じて情報発信の手段を持つようになり、自らの情報を入手するのみならず、発信するという情報のコントロールが可能になった。また、発信した情報に対して付加価値が付いた情報が容易に入手できることにより、自ら情報を集め、発信し、その結果としてさらにソリューションに近づく情報を入手し、日々の活動に生かすというインターネット抜きでは考えられない好循環モデルが実現可能となっている（例：自分の食事を写真に撮って送るとカロリーやビタミンなど計算をして返してくるといったアプリを使った食生活管理のクラウドサービスを活用して健康寿命を延ばす取り組みなど）。

さらに、これまで個々に存在しているだけでは活用困難であったプローブ情報がインターネット上で集積され分析されることにより、ビッグデータとして新たに活用されるようになってきている。

このような状況認識の下に、情報を扱う主体や当該主体間の関係の変化が新たなビジネスモデルの開発や様々な課題に対するソリューションを生み出す可能性についての議論が重ねられてきた。

② 情報の流通形態の革新

IoTと言われ、あらゆるものがインターネットを介してつながる社会が実現されつつある中で、情報の流通に関しても、紙とエンピツの時代では考えられない新たな形態を生み出した。

例えば、これまでの電気代の徴収は検針員が来て円盤が回転する電気メーターを見て集金していたが、スマートメーターの導入により、いつ、誰が、どれだけの電力消費を行っているかがリアルタイムで把握でき、デマンドコントロールなどの新たな手法が実現可能となりつつある。これは、電力の供給サイドにとって収集不能であった情報が新たな形で集積され、活用される例である。また、消費者にとってもエネルギー消費状況の見える化により、スマートセルで実証実験が行われているように系統電力と太陽光などの自家発電の組み合わせを自ら設定することも可能にしている。

また、前述のプローブ情報のように、例えば、自動車のワイパーの動きによって雨が激しく降っている地域がリアルタイムでマッピングされるなど、特定の情報を自動的に収集する仕組みをビルトインしておき、これを解析して新たな情報を創出することにより、いわゆるビッグデータとしての活用など新たな価値創造につなげることも可能になっている。

③　既存産業・サービスへの影響

まず、農業に関してみると、上記のような情報流通の変化に伴い、産業構造の大きな変革が期待される。特に、何をどう生産し、生産物をどう流通させ販売するかという出口を見据えた農業の在り方として、これまでは、生産手段の供給も生産物の引き取りも農協を通じて行われていたが、いずれに関しても情報はインターネットを介して入手でき、発信できることから、物流構造の変革が期待できる。すなわち、今後は、インターネットを通じた直接取引の増加、プライベートブランド（ＰＢ）化、スーパーマーケットなどの出口側からの農業参入など、これまでにない産業形態が生じる。すなわち、農協が独占していた情報が新たな経路で流通し、かつ、新たな情報が流通することで、全く異なる産業構造へ転換していく。まさにこれまでの情報独占をインターネットが崩すことによってこうした新たな価値創造が可能となる。まさに、「情報は誰のものか？」と問われる場面である。

次に、医療に関しても、例えば、これまでは病院に行ったことのない健康な人にはカルテが無かったが、スマートフォンを通じてクラウド上で健康管理情報としての「マイカルテ」を個人として持つことも可能となり、こうした情報はビッグデータとしての活用も可能になる。また、病院や医師が独占的に保有していた患者の情報が電子カルテによって本人とどこの病院や薬局の間でもクラウドを介して共有されることが可能になれば、投薬情報や検査データの共有化によって薬の重複投薬や重複検査の排除につながり、膨大な医療費の無駄の削減につながる。このように、医療・福祉・介護といった分野でもインターネットを活用したＩＴによってこれまでの常識を覆す新たな高齢化社会への対応の処方箋が見えてくる。ここでも、情報独占を崩すことの大きなメリットとして、あらためて「情報は誰のものか？」と問うべきであろう。

最後に、エネルギーに関しても、これまでは、需要家や消費者は、電力会社やガス会社から一方的に供給される電気やガスを使うしかなかったが、スマートグリッド化されたエネルギー使用環境の中で、需要家や消費者がＩＴによって「見える化」されたエネルギーの使用構造を自らコントロールできるようになった。すなわち、情報が「見える化」されて消費者の手に入ることにより、消費者自身がプレーヤーとなると同時に、その行動の情報もまたインターネット上でインテグレートされてデマンドコントロールなどに活用されるというこれまでにない情報の活用形態を生むことになった。ここでも、「情報は誰のものか？」という問いを意識すべきであろう。

このように、情報独占が崩れ、これまで情報を扱う可能性がなかった主体が情報をコントロールして新たな価値を生むことが可能になるはずであるという期待を込めた問いこそが、「情報は誰のものか？」である。

ii 「情報は誰のものか？」という問いの別の視点

前述のとおり、規制や既得権益によって生じていた情報独占が、インターネット社会の進展によって崩される可能性は高まっている。

一方で、分野ごとに様々な事情により、可能であるはずの情報独占の排除と新たな価値創造の可能性が阻害されているのも現実である。

「情報は誰のものか？」という問いに対する答えとして、新たな価値創造の可能性を示した前記iの見方に加えて目を背けるべきでないもうひとつの見方は、こうした価値創造が社会課題に対してソリューションを提供できる可能性があるにもかかわらず、何故、実現しないのかという点である。「情報は誰のものか？」という問いは、こうした「情報の独占」の背景を成す既得権益や岩盤規制の存在や状況をも浮き彫りにする問いでもある。

3　社会構造の高度化を支えるＩＴの役割

「社会課題の解決」に加えて、紙とエンピツの時代では、考えつかなかったり、実現が困難であったりした新たな価値の実現がインターネットを活用したＩＴにより可能となった結果、「社会構造の高度化」に向けた様々な取り組みが行われている。その中で、オープンガバメントとダイバーシティを取り上げる。

(1)　オープンガバメントの３要素とＩＴ

i　オープンガバメントの目的

①　オープンガバメントに関する基本原則

米国のバラク・オバマ大統領は、就任直後の２００９年1月に公開した大統領メモ「透明でオープンな政府」の中で、オープンガバメントとして、これまで以上に開かれた政府を実現する方針を表明している。オープンガバメントとは、国民に開かれた透明な政府を作るための政策や背景となる概念を示すもので、次の３つを基本原則としている。

(a)　政府・政策・情報の透明性（Transparency）

政府は、国民に対する説明責任を果たすために、情報をオープンにし、提供しなければならない

(b) 市民参加 (Participation)

政府は、知見を広く国民に求め国民との対話を行い、利害関係者グループ外の人々に政策立案過程への参加を促さなければならない

(c) 政府および官民の連携 (Collaboration)

組織の枠を超えて政府機関の間および官民で連携し、イノベーションを促進しなければならない

② 目指すべき社会・姿の実現

2013年6月14日に閣議決定された「世界最先端IT国家創造宣言」では、目指すべき社会・姿ということで次の3つをあげており、行政全体を市民や企業にオープン化することで、これまで使い切れていなかった様々なリソースを活性化させるオープンガバメントを実践することとなり、以下の目指すべき社会・姿の実現に大いに寄与すると考えられる。

(a) 革新的な新産業・新サービスの創出と全産業の成長を促進する社会の実現

1) 公共データの民間開放（オープンデータ）の推進、ビッグデータ利活用による新事業・新サービス創出の促進

2) ＩＴを活用した日本の農業・周辺産業の高度化・知識産業化と国際展開

3) 幅広い分野にまたがるオープンイノベーションの推進等

4) ＩＴ・データを活用した地域（離島を含む）の活性化

5) 次世代放送サービスの実現による映像産業分野の新事業創出、国際競争力の強化

(b) 健康で安心して快適に生活できる、世界一安全で災害に強い社会

1) 適切な地域医療・介護等の提供、健康増進等を通じた健康長寿社会の実現

2) 世界一安全で災害に強い社会の実現

3) 家庭や地域における効率的・安定的なエネルギーマネジメントの実現

4) 世界で最も安全で環境にやさしく経済的な道路交通社会の実現

5) 雇用形態の多様化とワーク・ライフ・バランス（「仕事と生活の調和」）の実現

(c) 公共サービスがワンストップで誰でもどこでもいつでも受けられる社会の実現

1) 利便性の高い電子行政サービスの提供

2) 国・地方を通じた行政情報システムの改革

3) 政府におけるＩＴガバナンスの強化

ii　我が国の社会課題解決に向けたオープンガバメントの取組み

①　我が国の現状

少子高齢化の進行に伴い、各自治体では、歳出増と歳入減により将来的には財政状況が厳しく、様々なコミュニティが崩壊して公共サービスを維持できない可能性が極めて高いため、市民に協力を求めることも選択肢として考慮する必要がある。すなわち、公共サービスに関する情報、支出用途に関する情報を公開して、市民や企業からより良い方策の提案を求め、その実現に市民や企業が参加することにより、行政ニーズを充足していくというアプローチも必要となると考えられる。

このように自治体から公開された情報が二次利用を含め自由に利用できるオープン化が進むと、民間においてもその利用により価値を生み出すことが可能となりつつある。

一方、中央省庁においても、政府や自治体の情報をオープン化し、活用に供することを成長戦略の一つと位置づけている中で、自治体が取り組んでいる具体的な事例を踏まえてオープンガバメントに向けた取組みを進めていくべきである。

②　オープンガバメントの具体例

地域においては、オープンガバメントの3つの基本原則に該当する事例が見られるところ、その中で代表的なものを取り上げ、その概要と課題等を紹介する。

(a) 政府・政策・情報の透明性：税金はどこへ行った？（透明性）

「税金はどこへ行った？」というサイトは、市民の税金の使途を可視化するもので、現在、全国152の自治体（2014年7月18日現在）の税金の使い道がこのサイトにより公開されている。これは、既に公開されている地方自治体の予算をボランティアがITを用いて〝見える化〟したもので、そのノウハウも解説してある。当該ボランティアグループによるフォローアップも厚く、各自治体のサイトを作るためのハッカソンも開催している。

一方で、このようなサイトにより公開を進める上では、自治体のサイトから予算や決算データを見つけにくい、予算項

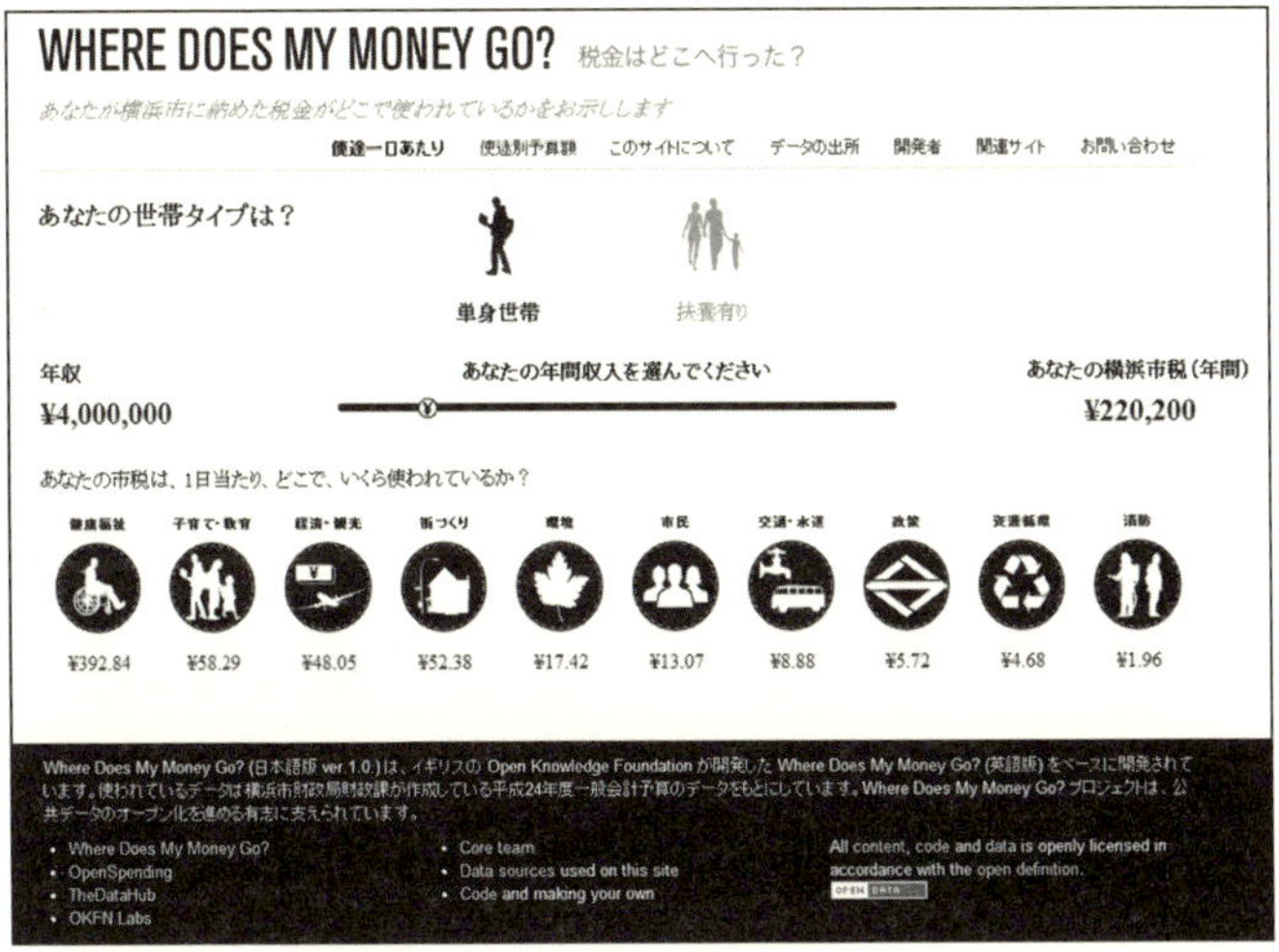

横浜市の「税金はどこへ行った？」

（出典：http://yokohama.spending.jp/）

目が多岐に渡っており分かりにくい、自治体間での税金の使途の比較などができないために使われ方が適切であるか評価しにくい、などの課題がある。

(b) 市民参加：FixMyStreet
（行政参加）

「FixMyStreet」は、道路に陥没などがあったときに、それを市民がスマートフォンで撮って、このサイトに投稿すると、画像の位置情報と陥没の状況を自治体の担当者が見て、緊急に対応するものか否かを判断し、検討結果や修復結果もサイトに公開して、行政と市民がその適否を議論する形になっている。一方

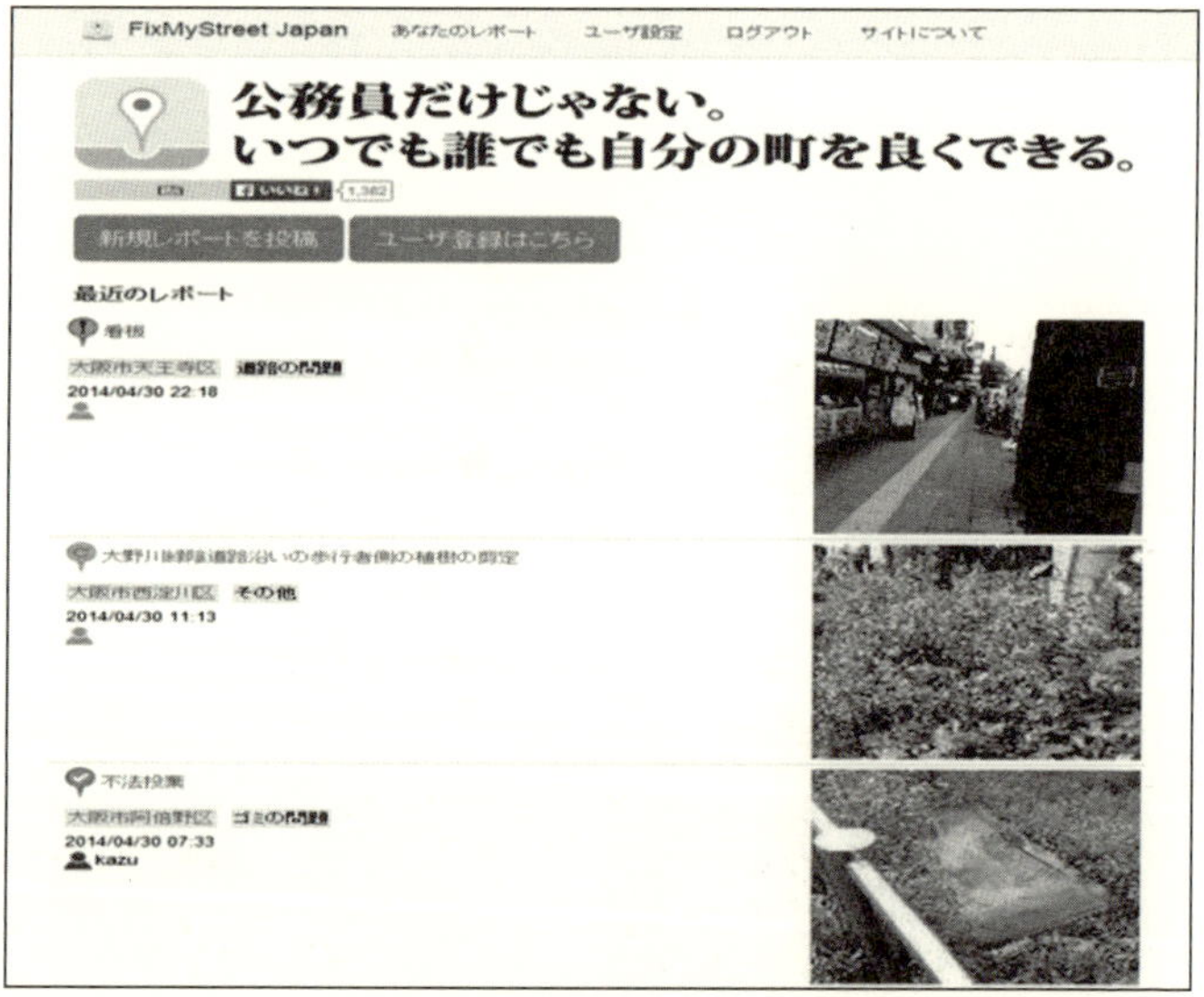

FixMyStreet を利用する大阪市
（出典：https://www.fixmystreet.jp/ 現在は表示が若干異なる）

で、こうした手法は、市民間でのフレーム（炎上）が起きることもあるなど、管理人に負荷がかかる場合も多いことが課題になっている。

(c) 官民連携：橘街道プロジェクト（プラットフォーム）

「橘街道プロジェクト」は、近畿地方を中心に日本の菓子の神とされる田道間守を祀る寺社を辿る仮想の街道をプラットフォームとし、菓子を始めとする食文化や地場産業、サービス産業や芸術文化などの地域資源や産業の間で、地域や業種を超えた連携を生み出し、インバウン

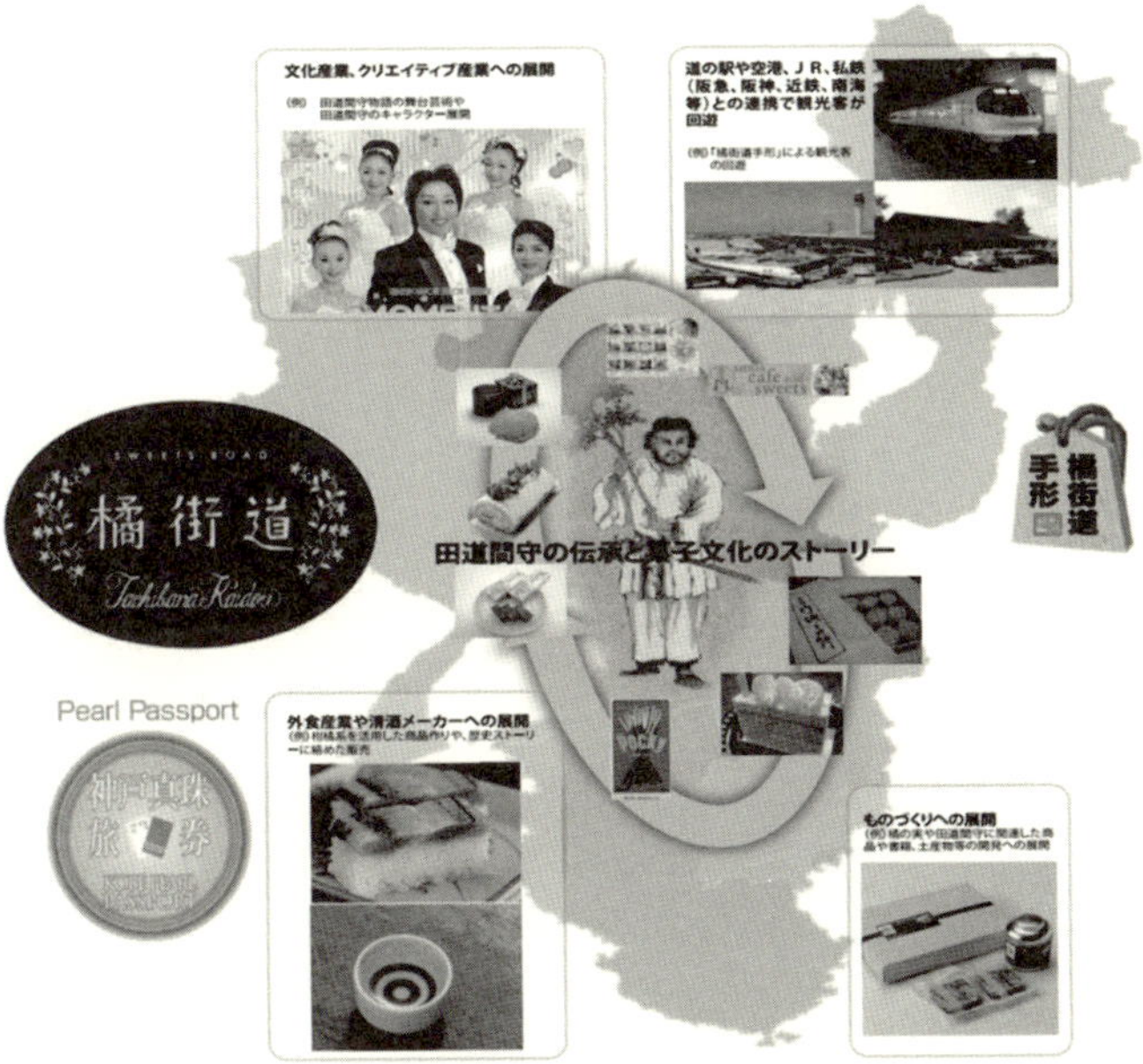

橘街道プロジェクト
（出典：http://www.chosakai-kinki.jp/monthly/rieti/etc/rieti_kansai_special.html）

ド や交流人口の拡大を始めとした地域経済の発展基盤を提供するプロジェクトである。

このプロジェクトは、官民連携によりＩＴを活用して設置した連携プラットフォームの上で、①各参加主体がそれぞれ消費者や来訪者へのサービスをコミットする（例：橘街道のロゴを見せると、菓子の試食ができる、歌劇の女優との写真撮影ができる等）とともに、②参加主体間で連携によるサービスをコミットし宣伝し合うこと（例：神戸の真珠業界が日本酒ソムリエバッチを作成し灘五郷の酒蔵見学者に廉価版レプリカを販売する等）により、「プラットフォーム自体の魅力の向上（地域の魅力向上）」「参加主体のメリット拡大」「消費者や来訪者の満足感の向上」の三つを同時達成することを目的としている

このように、「橘街道プロジェクト」というプラットフォームは、参加主体間の連携事業やビジネスイノベーションに向けた取り組みをインターネット上のＩＴも活用して

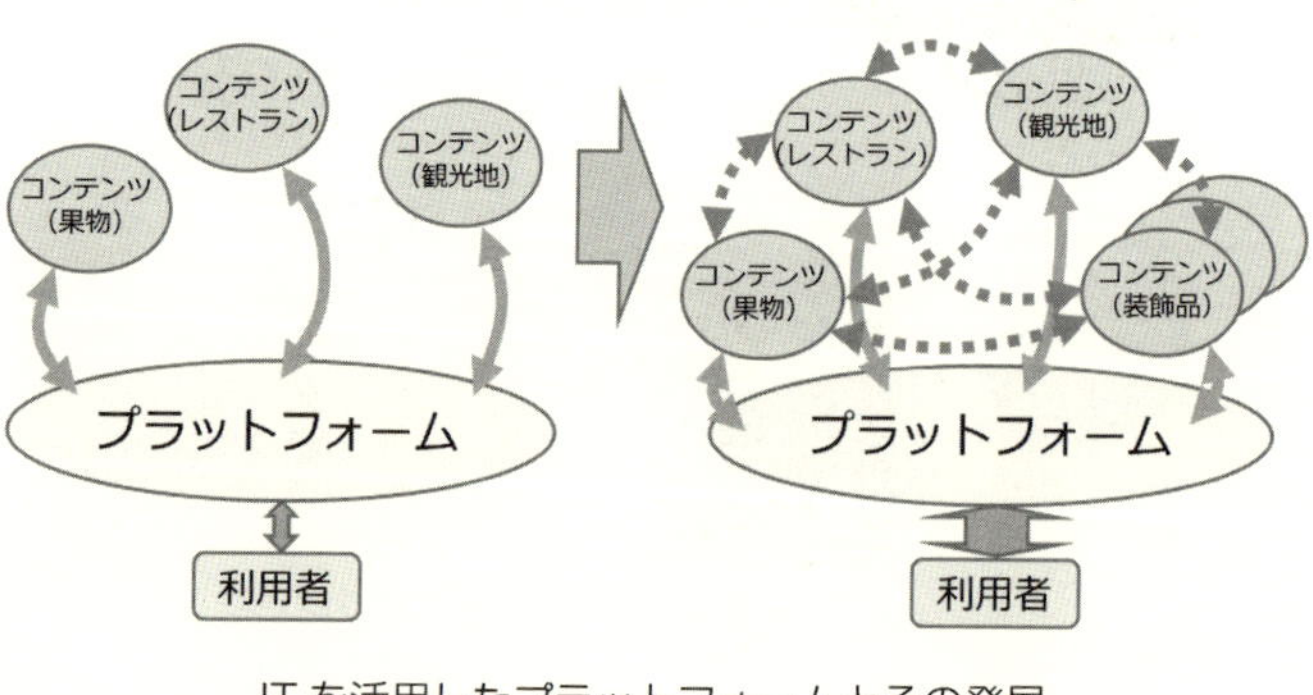

IT を活用したプラットフォームとその発展

促す仕組みでもある。こうした取組みが注目され、内閣官房が全国に募集して採択した「地域活性化モデルケース」の一つに選ばれ、本年5月、首相官邸での関係閣僚等会議で紹介されるに至っている。

官民連携によるプラットフォームとして「橘街道プロジェクト」はベストプラクティスと考えられるが、今後データを活用できる形で積極的にオープン化して、そのデータでサービスを地元の若者が起こす環境を構築するなど、自律的かつ継続的に運営されることが重要である。

ⅲ　オープンガバメントを実現するためのＩＴの在り方

オープンガバメントを実現するためには、ＩＴを活用したオープンデータ化が重要である。すなわち、中央省庁や地方自治体などの行政側は、データを公開するだけでなく二次利用できるオープンデータの形にして提供する必要があり、そのためには以下のようなツールが必要である。

①　グローバル・ファーストを前提とするオープンデータ
我が国経済の国際競争力を向上させるためには、1億人の国内市場よりも70億人の世界市場を取り込むべきであり、そのためにはグローバル・ファーストを前提にオープンデータの機械判読化や英語化を進めることが重要である。

②　求めるデータを早く確実に見つけられる仕組み

データをただ単に公開あるいはオープン化するだけでは、実質的な成果はあげられない。オープンデータに限らずインターネット上の情報は溢れており、その中で自分が求める情報を探すのは至難の業で、当事者でも見つけられない。このため、誰もが求める情報に辿り着くために、体系的あるいはストーリーを含めて検索してくれるエージェント（代理人）のようなツールが必要である。

③ 行政によるオープンデータ化の促進

データがあれば、それに付加価値を付けるサービスを提供する人が現れるので、行政としては自らこうしたサービスを提供しようと考えるよりは、コンピュータで処理が可能な形にしてデータをオープン化することに注力したほうが好ましい。

政府または政府関係機関が、グローバル・ファーストなどの評価基準を定めて、オープンデータを推進している地方自治体を表彰することなど、地方自治体のオープンデータへの取組を促進するような仕組みを構築するべきである。

④ データを評価できる人材の育成

インターネットを介して膨大なデータを自由に分析できる環境が実現している中で、ビッグデータから価値を生むための機械学習あるいは統計処理といわれる技術のモデルなどを発想する人材が必要である。そのためには、アルゴリズムやデータ処理、統計処理などの基礎を理解している人材を若いうちから育成する必要がある。

⑤ 実効的な成果を意識できる仕組み作り

将来に渡り政策の実効的な成果を継続的に生むためには、目標となる将来の社会の姿を想定し、その姿から現在を振り返って今何をすればよいかを考える「バックキャスティング・アプローチ」を活用した計画を策定して実施することが必要である。なお、こうしたモデルを活用するに際しては、実行するプロセスの適切性を評価できる手段を備えることが必要である。

(2) ダイバーシティの役割とIT

i ダイバーシティの目的

ダイバーシティの本来の意味は、「幅広く性質の異なるものが存在すること」で、お互いの様々な違いを尊重して受け入れ、「違い」を積極的に活かすことにより、優位性を創ることにつながる。こうした、ダイバーシティには様々な捉え方があるが、次のような類型が考えられる。

① 社会環境への対応

第一は、グループの中で個々の特性を見極め、市場と特性に合わせた体制を築くものである。米国では、グローバル化の進展による市場や技術の多様化に対応するために労働力を多様化させている。日本では、商社において海外拠点の現地社員に対してリーダー研修などを実施し、グローバル規模での経営人材の育成を行っている例もある。

第二は、事業を実施するにあたり、その目的以外には人材募集の条件に制限を特に設けず、業種の目的に合う者を集めるものである。インドでは、カーストの既存の職業分類にないIT産業に階層を越えた人が集まり、インドのIT産業は、高い国際競争力を実現している。日本では、性別を一切考慮せず能力本位で管理職登用や評価を行った結果として女性の割合が課長級以上で3割を超え、役員では5割近い外資系企業の例もある。

② イノベーションに活かす

第三は、様々な個性を混在させることにより、いわば〝化学反応〟を起こしてイノベーションを創出するものである。外国人幹部の育成や女子社員の活躍推進など、向上心のある人、チャレンジする人が力を発揮してイノベーションを創出する社風に変革しようとしている例が見られる。

ii ダイバーシティにおけるITの利用局面

① ネットワークの中から多様性を生む仕組みを提供

イノベーションを創出するためのダイバーシティを社会や組織の中で実現するため、大勢の人の様々な個性を評価して、人材を活用するサービスであるLinkedInのようなSNSを利用することも一つの手段である。

LinkedInは、ビジネスに特化したSNSで、個人の自己紹介のためのプロフィールに加え、職務経歴やスキル、アピールポイントまで詳細に記述が可能で、それぞれ個人のビジネスに関連する情報を公開して、個人の関係する人間関係の中で互いを客観的に評価する仕掛けになっている。その結果を会社や組織を超えて横断的に検索できるので、自ら応募していない場合でもその個人の強みを求める企業からリクルートがあるといった、いわば〝宛先のない手紙への返事〟のような、これまでにないリクルートのスタイルが生まれている。

なお、LinkedInは、転職文化が米国とは異なる日本の社会の中では、特に大企業の職員には会社が認めないことが多く活用されていない。一方、アメリカでは既に頻繁に使われており、企業のみならず

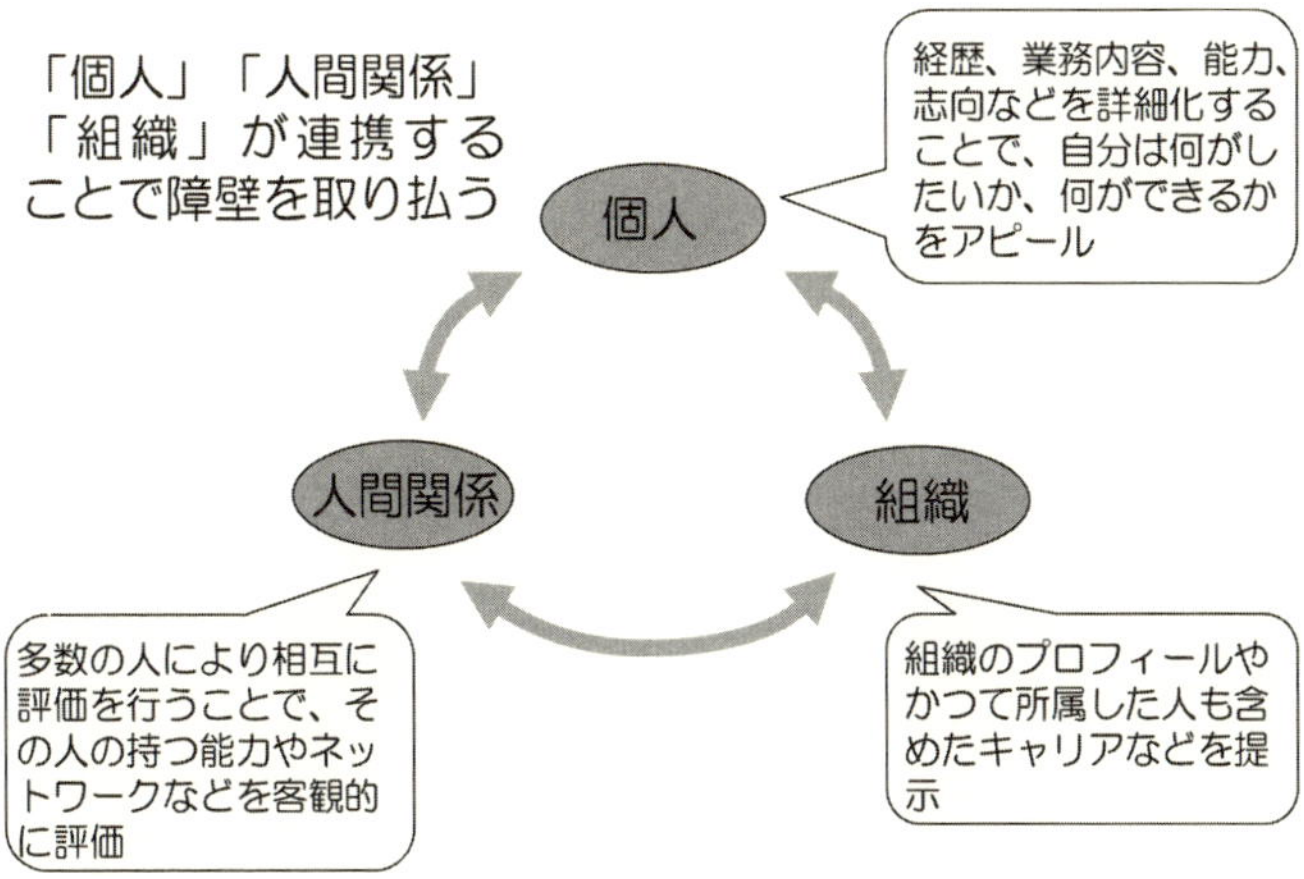
「個人」「人間関係」
「組織」が連携する
ことで障壁を取り払う
個人
経歴、業務内容、能力、志向などを詳細化することで、自分は何がしたいか、何ができるかをアピール
人間関係
組織
多数の人により相互に評価を行うことで、その人の持つ能力やネットワークなどを客観的に評価
組織のプロフィールやかつて所属した人も含めたキャリアなどを提示

LinkedInの構造

行政機関でも人材に関する情報源として使われている。

同質性の高い我が国は、LinkedInのようなSNSを利用して、国境の壁を取り払い、ダイバーシティを進めていくことが重要である。

② ITがリクルートに与える影響

インターネットとは無縁の時代には、分厚いリクルートブックにあるハガキを各企業に送付して、返事のあった企業で面接などを受けていた（1）。手書きでの申し込みでは送付先の企業の数は限られていたがインターネットにつながると、マイナビ、リクナビといった就職支援サイトの利用により数十社を超える企業にエントリーすることが珍しくなくなった（2）。就職支援サイトでは、学生等から書き込まれる情報などはあるが、エントリーする学生等が実際にどのような行動をして、それがどのように

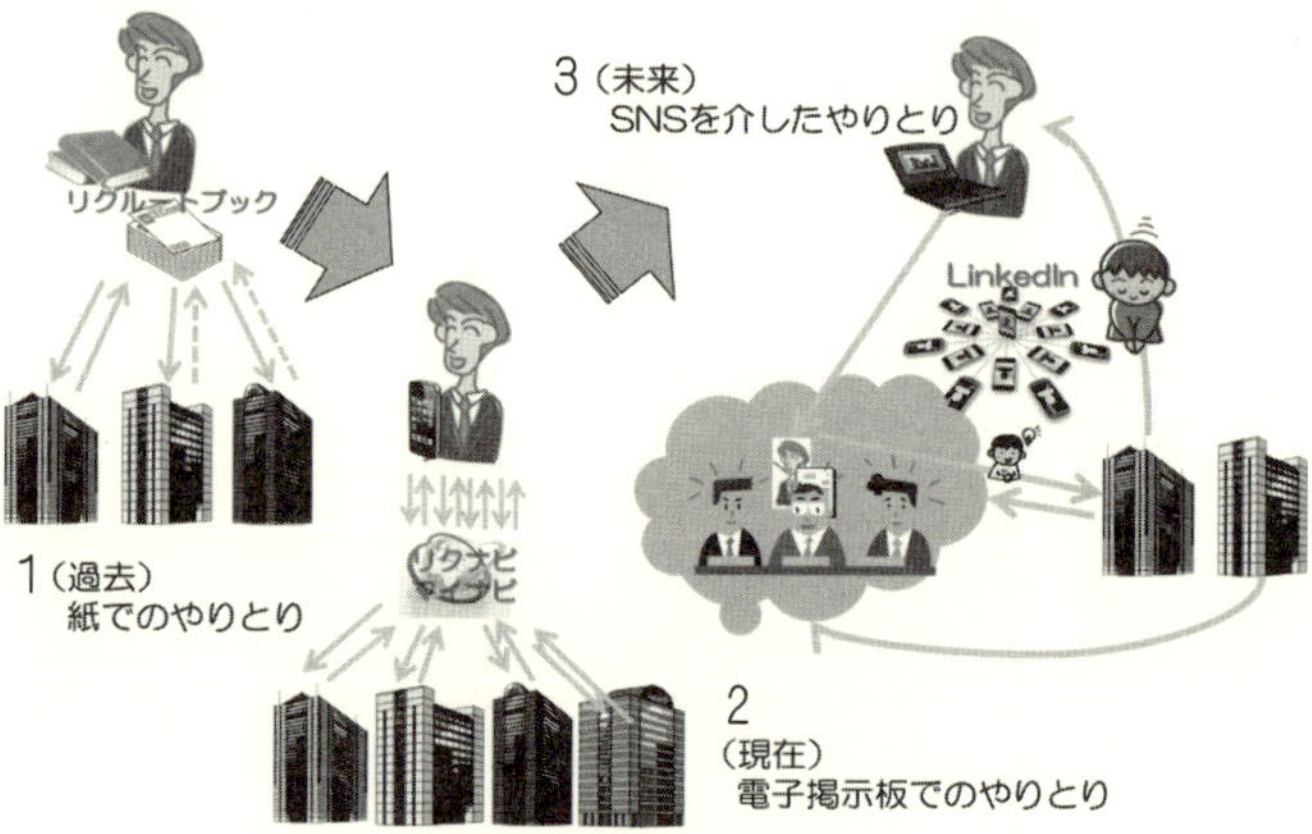

多様な人材を集める仕組み

評価されているか、企業側は知ることができない。LinkedInのようなSNSを活用すれば、これまでできなかった個々の評価が入手でき、画一的なリクルート活動を超えて多様な人材を確保できダイバーシティが実現され得る（3）。

iii　ダイバーシティのメリットを活かすIT

①　新規課題の発見と解決（イノベーション）

単一セグメントから成る集団では、目のつけどころが同じになるが、多様なセグメントが集まれば、多様な視点で新規課題を発見することが可能となる。

また、複雑な社会における課題の解決は、単一セグメントの力では困難であり、多様なセグメントの力を合わせるほうが解決しやすい。一方で、日本のような縦割り社会では、多様なセグメントの力を連携させることは容易ではない。このため、多様なセグメントをITの力でつなぐことができれば、重要で複雑な課題の解決の可能性が高まる。ここで重要なことは、解決すべき課題の内容、その課題解決の目的や必要性、解決手段と目的の整合性といった課題解決に向けたベースに関する共通の理解が醸成されることにある。インターネットによって情報流通の密度や質が向上することにより、自律分散しながらも協調するアプローチが可能となる。

IT戦略とは「縦のものを横につなぐ」と言われるが、真の意味はここにある。

② 安心・安全で強靭な社会の構築

課題解決のアドバンテージとなりうるダイバーシティが多様なセグメントが集まることにより実現すると、様々なモチベーションや個人から成る集団のチームワークの維持が困難になる。一方で、単一のセグメントにおいては、情報の流通や共通理解の達成の迅速性など、同一性（ユニフォーミティ）に由来する長所が存在する。このように、冗長で多様な同じ目的のネットワークを形成するというダイバーシティと迅速な対応を可能にする単一性という相反する価値を、同時に実現する能力こそＩＴのメリットである。

社会インフラであるモノやサービス、情報の流通システムの強靱性を考えるとき、ＩＴを活用した冗長性（リダンダンシー）と迅速性の両立が、安心安全な社会の構築に寄与する。

冗長性の例として、系統電力に加え、ガソリン発電、ガス発電など他の電力供給源をダイバーシティとして持つことにより、停電を回避して持続的な活動を可能にしている大学キャンパスもある。

また、インターネットのルートサーバは世界に13台あり、その管理組織は、大学、政府機関、企業など様々であり、システムも多様性に富み、バックアップもされているため、同じような攻撃を仕掛けても13台のルートサーバが同時にダウンすることはない。このように、従来の分散システムはダイバーシティにより強靭になっている。

(3) オープンガバメントやダイバーシティの目的とＩＴの役割

ⅰ　オープンガバメントやダイバーシティの目的

①　オープンガバメント

オープンガバメントの基本原則として広く認識されている透明性、市民参加、官民連携の３点は、オープンガバメント推進の目的でもあり、本研究会においても、これらの実例を挙げながらその意義とＩＴが果たす役割を論じたところである。

また、オープンガバメントにおけるこれらの目的を達成するために、次の４(1)で述べるとおり、そもそもの課題発見とその解決にＩＴの果たす役割は大きい。

②　ダイバーシティ

ダイバーシティが重要であるというテーマの前提として、本来、何故、何のためにダイバーシティが必要かという議論があるはずであり、現実の経済活動の中では、多様な進出ルート確保のためであったり、イノベーションを起こす手段であったり、ダイバーシティを意識しないこと自体がダイバーシティを実現することであったりといった実態が本研究会の中でも例示された。

一方で、ダイバーシティは課題発見とその解決を生むイノベーションを起こす大きな要因であり、そこでＩＴの果たす役割についての指摘もなされた。加えて、ダイバーシティは、社会の強靭さをもたらし、安心で安全な社会を構築するための重要な要素であり、これらを実現するためにＩＴが不可欠であることも指摘された。

ii　課題発見と課題解決におけるＩＴの役割

① 課題発見とセグメント

新規課題は、同じ視点だけからは発見されにくいことから、多様なセグメントの視点から見た課題発見の取り組みが必要である。

その一方で、多様なセグメントからの多くの意見や課題の提示がなされる場合、統一性のない情報の集合体となるおそれがあることから、これらのセグメント間での協調と共通理解が不可欠となる。

このような協調と共通理解のための基盤として、時間や空間の制約を取り払った自由な議論が可能となるＳＮＳや多様な情報を入手するための検索機能などの手段を提供し、かつその上での活発な議論を進める環境を提供することがＩＴの大きな役割となる。

② 課題解決とセグメント

同様に、課題解決においても、単一のセグメントでは解決が困難であるが、一方で多様なセグメントの力を合わせて連携することは容易ではない。

この背反する二つの面を両立させてソリューションに導くことこそＩＴの役割であり能力である。

③　課題発見・解決とイノベーション

課題を発見し、解決するための鍵はイノベーションであり、ダイバーシティはまさにこのイノベーションを生むための大きな要素であることは疑う余地はない。

オープンガバメントの推進においても、先に挙げた3つの目的を実現するための課題発見とその解決にイノベーションが必要であり、前述のとおりこのためにＩＴが果たすべき役割は大きい。

iii　安全・安心な社会の構築におけるＩＴの役割

①　冗長性と迅速性の両立

ダイバーシティの目的のひとつに、安全・安心な社会の構築が挙げられるが、そのためには、冗長で多様な同じ目的のネットワークを形成することが求められると同時に、迅速な対応も求められる。

この背反する要請を同時に満たすためには、情報を共有するシステムとしてインターネット上で様々な形で主体同士が繋がっているというリダンダンシーを許容しつつ、ダウンしたルート以外のルートですぐに繋がるという迅速性が求められるところ、これを可能にするのがまさにＩＴの役割である。

② 回復力も含めた強靭性（レジリエンス）

このように、ひとつのルートやシステムがダウンしても、すぐに別のルートで情報が流れるシステムを内包し、ダメージを受けても迅速に回復する強靭性（レジリエンス）を有することは、安全・安心な社会の実現の重要な要素であり、まさにこれを支えるのがＩＴである。

４　全体を通じてのまとめ

(1)　インターネット社会においてＩＴがもたらす影響

　これまでの議論の中で見てきたように、ＩＴが支えるインターネット社会の進展に伴い、社会を構成する様々な主体での情報の流通構造に劇的な変化が生じている。すなわち、情報独占や一方的な情報流通といった状況が崩れ始め、インターネットなしでは繋がらなかった主体間での双方向の情報のやり取りや大量の情報の集約などが可能となっている。

　こうした中で、スタンドアローンのＩＴによる価値創造からインターネット社会の中でのＩＴによる価値創造へとＩＴの活用環境も大きく変化しており、ＩＴの持つ価値創造機能が一層発揮できる環境が整いつつある。

　このようなＩＴをめぐる環境の変化を活かした社会課題の解決方策として、ＩＴの利活用などにより技術的に実現可能であって、かつ、道義的に選択せざるを得ない選択肢を示すことにより、既得権益や岩盤規制の壁を突破することが求められる。

　加えて、こうした選択肢を採用することにより実現できる結果から逆算したプロセスを実行していく方法（バックキャスティング・アプローチ）の採用が推奨される。

以上のような状況認識の下で、社会課題を解決していくに当たってのＩＴに期待される具体的な役割として、これまでの議論を大きく分けると次の２つが挙げられる。

第一に、既得権益や岩盤規制を崩す選択肢の提示という意味で、実現されてしかるべきことが実現できていない状態を解決するという意味で、いわばマイナスをゼロに戻す力である。

第二に、イノベーションを起こして、これまで想定されなかった新たな価値を生み、経済社会の発展の原動力を生み出すという意味で、いわばゼロからプラスを生む力である。

なお、この二つの役割は、排反事象ではなく、各々の課題ごとに場合によっては相互に重なり合いながら発揮されるものであろう。

(2) ＩＴによる社会課題の解決に向けて

① 既得権益との調整

社会課題の解決には常に既得権益の問題が立ちはだかるが、インターネットやＩＴがもはや社会インフラとなった今日、ＩＴによりある社会課題が解決できるとして、マクロ的にみて問題が解決されても、例えばAmazonなどのインターネット通販サイトが台頭することで書店が倒産するといった既存の産業が傷む等の個別の問題が残る。

この解決には、例えば、地域再開発事業で屋台を立ち退かせる際にフードコートを作って一層衛生的な環境でのビジネス継続を可能にするなど、既得権益を持っている人にもメリットがあるような社会方法論を政策として検討する必要がある。

こうした方法論は、特にＩＴによって社会課題解決に向けたドラスティックな措置が講じられる場合に既得権益との関係で意識しておくことが重要である。

② 価値の在り処という軸

インターネットでビジネスを変えていく際に、Ｂ２ＢだけでなくＢ２Ｃも視野に入れることが必要であり、さらにはＢ２ＢからＢ２Ｃへ進むのがスムーズな流れである。

例えば、インターネットにより自分で録画した番組をモバイルでリモート視聴できるようになるが、そのトラッキングでデータを取っているのが機器提供サイドであり放送局ではないという状態は、Ｂ（放送局）がＣ（顧客）の情報を取れるせっかくの機会を活かしきれない例である。

ここでのポイントは、人間が接するところこそが最も価値の高い情報が存在するという意味で一番の宝の山ということであり、インターネットを利用したビジネスモデルを構築する際に常に留意しておくべきである。

③ ＩＴによる二つのアプローチ

加えて、社会課題にＩＴからアプローチする際に、電子カルテの共通化による医療連携といった巨大ビジネスと、子育て・介護といった地域の日常的課題の解決では、スケールが異なる。

また、例えば、国を挙げた世界的な情報独占との戦いと地域振興のためのＩＴ活用との間でも、政府レベルの問題と地域での問題という差異があり、プレーヤーも技術レベルも異なる。

一方で、このマクロレベルとミクロレベルという二つのアプローチはシームレスであるべきで、レベルが異なる課題であっても、インターネットを活用したＩＴで解決しようとすれば、その間の連続性が（特に医療分野において）重要である。

おわりに

　我が国を待ち受ける少子高齢化社会の本格化に伴う様々な課題、エネルギーや環境をめぐる課題、新たな経済成長を実現するための課題など、我が国が直面する社会課題の解決にＩＴという光を当ててみると何が見えるかという問題意識の下、ＩＰＡにおいて、昨年9月以降、5回にわたる研究会で議論を重ねてきた。その結果、インターネットが社会インフラとなり、情報独占が崩れ、情報の流通や活用のこれまでにない形態の導入が進むといった大きな状況変化を通じて、新たな社会構造が構築される可能性が浮き彫りになった。

　ＩＰＡとしては、こうした可能性に向けて、ＩＴの持つ価値創造という機能を最大限発揮できるよう、ＩＴ人材の育成やソフトウェアの高信頼化などの環境整備を行うとともに、セキュリティ問題や個人情報漏洩などＩＴのもたらす負の側面にも対処しつつ、自らも課題を発見しその解決に挑戦し続けて参りたい。社会インフラとなったＩＴによって、そしてＩＴと共に、ＩＴの光と影を踏まえながらより良い暮らしを築いていくという趣旨でＩＰＡのキャッチコピーを「Better Life with IT」としている所以である。

　今後、本研究会で示された数々の提言が、我が国の社会課題の解決に向けた様々な分野での取り組みにおいて、参考になり、ソリューション実現のきっかけの一つになれば幸いである。

最後に、熱心に議論を行って頂いた委員の先生方及び経済産業省の関係者、議論のたたき台を作るに際して御協力を頂いた皆さん、中間とりまとめに対して貴重な御意見を頂いた方々を始め、本研究会の運営に御理解と御協力を頂いた全ての方々に深甚なる謝意を表して、擱筆することとしたい。

平成26年9月

独立行政法人 情報処理推進機構
参事・戦略企画部長 中村 稔
社会課題ソリューション研究会事務局一同

参考資料

現地訪問・調査・意見交換の経緯

本研究会の開催運営にあたり、事前調査としてカンファレンスなどの聴講や有識者のみなさまとの意見交換、さらには実際に現地に赴き肌で感じたことをまとめ、研究会の場の議論のたたき台資料として作成してきた。ここでは、その際に得られた知見など、最終とりまとめに記載したものや、書ききれなかったものについて記載する。

1　現地訪問

(1)　横浜スマートコミュニティ

「本当に豊かで充実した社会生活のためには、自然に学ぶことが重要である」との理念のもとに、自然と人間を慈しみ、科学技術はそれを「支援する」という立場で、以下の技術研究を行っている。

- 自然エネルギーの有効利用
- コミュニティの停電対策と系統の負荷軽減
- ハウス間のエネルギーと情報の連携
- 自然と共生した自律的で循環型のコンパクトなコミュニティをつくるための研究
- 業界、業種を超えた未来のビジョンづくり
- 未来へ向かって進化し続けることで「100年」先まで続くプロジェクト

これらの技術研究を行うことにより、技術的側面の解決ばかりではなく、自然と共存して環境に負担をかけないエネルギーを用いた生活を追求する。

このようなコンセプトを実現するために、自然エネルギーを「ハウス間連携」し、系統電源、太陽光発電、蓄電池などを融合することで、コミュニティの自律的なエネルギーシステムの概念を拡

大する。そのための系統、機器の標準化活動や、接続試験評価環境を提供する。複数の住宅でコミュニティをつくり実証し、科学技術は人間社会にどこまで貢献できるかを追求していくとともに、自然エネルギーを上手に利用することで安価で柔軟なエネルギーシステムを構築し、CO_2削減や食料不足問題などの解決を目指す取り組みを行っている。

(2) TIS御殿山データセンター

「Ecology ＆ Sociality」「On Demand Service」「Hi Performance」の3つのコンセプトに基づいた都市型データセンターとして建設。とくに「Ecology ＆ Sociality」コンセプトの具現化を目ざし

- 自然エネルギーの利用
- エネルギー使用効率の向上
- 地域社会環境と業務環境への配慮

を環境方針として設計検討を重ね、ビル設備とサーバルームの環境制御を統合したエネルギーマネジメントシステムを導入し、さらなる環境性能向上を目指すとともに、地域や教育機関と連携し、社会の一員としての新たな社会貢献のあり方も追求していくことを計画している。また、CO_2排出量13・5％削減、データセンターのエネルギー使用性能を表すPUEで、非常に高いレベルの1・36

という設計性能値を実現するとともに、主に次の環境配慮・省エネ対策をしている。

- 地中熱利用：温度の一定している地中熱を夏期・冬期に冷暖房に利用
- 屋上／壁面緑化：屋上／壁面に植物を植え、ヒートアイランド対策とビル断熱性向上
- 自然光採光：自然光の利用（自然光の照明としての利用や、地階ロビーへの採光）
- LED照明：消費電力が少なく、長寿命・水銀フリーのLED照明を大規模に採用

など

(3) 病院関係者

過疎化が進むとともに南海トラフ地震への対応が喫緊の課題である関西地方某県での電子カ

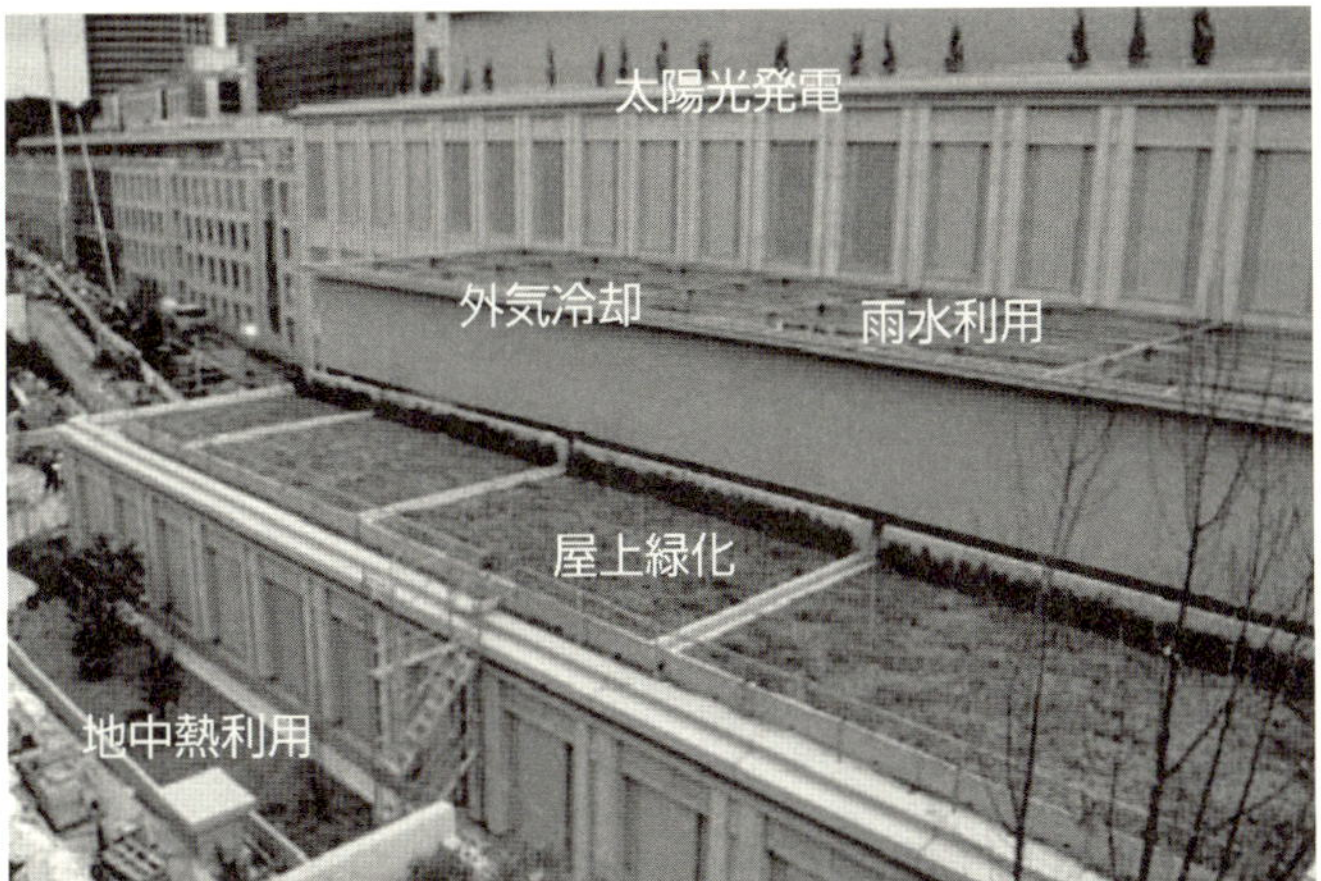

TIS御殿山データセンターにおける自然エネルギー利用
（提供：TIS（株））

ルテをめぐる背景は以下となっている。

①　中小規模の病院・診療所が多く、独自に電子カルテを導入するためにはコスト負担が重く、導入が進んでいない。

②　南海トラフ巨大地震が想定されるなか、病院の建物や病院内に保管している紙カルテが被害にあう可能性が高い。

③　地域医療連携が紙カルテのままでは進まない。

このため、県内の病院協会では新たにＩＴ委員会を設置し、同委員会が主導し、電子カルテの共同構築を推進。業者選定も終了した。

今後の構築・導入の実現により以下のような効果が見込まれる。

①　約20の病院の共同利用、カスタマイズを極力行わないシステム構築、日本医師会提供の無償レセプトシステム「Ｏｒｃａ」（オルカ）の導入などにより、初期費用を３５００万円に縮減（通常は８０００万円程度必要とされている）。

②　バックアップ環境とともに、災害時にはカルテ情報を共有する仕組みを構築し、非常時にも対応。

この取り組みは他県にも広がっていく可能性がある。

(4) 医療関連企業

① 病院を変える度に同じ検査を繰り返すようなムダをなくすためには、背番号を国民全員に付けて、情報を共有化する必要がある。

② 和歌山県の電子カルテ化は中小開業医をネットでつなぐもので、電子カルテで500か所以上をネット化することが可能になる。これまでの電子カルテは、大学病院のものをベースに各病院でカスタマイズしていることが多く、統一されていないため、電子カルテをつなぐ地域医療連携はどこも成功していない。これを実現しようとするとコストの面で中小病院は無理である。和歌山県では必要最小限の機能にして価格を抑えた電子カルテを普及させていく。同県の場合は、南海大地震のおそれもあるので災害対策としても進めやすい。電子カルテのデータはデータセンターにストアしており、万が一何かあってもどこでも復旧できるようにしている。

③ 医療行政は、ヘルスケアを中核とした産業振興政策としても問われている。伊勢の街は医療システムの改革により変わり始めている。日本全体が活性化するには、このようなある程度規模のあるところでの取り組みが必要である。これを実際にやるのは、単に国民の健康を守るということでは限界があり、産業や経済を含めて考えられるようなところでないと難しい。

④ コナミは医療機関と提携して健康の維持・増進を目指した取り組みをしており、国立医療セ

ンターや関連施設で健康食などを提供している。

⑤　同社では健康な老人をつくる事業も行っている。単なるデイケアではなく、本来人間の持っている免疫力の機能回復に力を入れている。トレーニングマシンにデータをセットしてこれを日々やっていくと、寝たきりの老人が起きられるようになる。

2　意見交換

(1)　農業関連団体

① 農業においては、いろいろな局面でＩＴが活用されている。しかし、実際に重要なのは全体としてどのような農業政策のなかでＩＴを活用するかであり、それぞれで活用されているＩＴを結ぶような仕組みが重要である。全体を網羅するグランドデザインを描くことが重要であるが、国家戦略として農業政策を語ってくれる省庁がない。

② 農作物のトレーサビリティについては、ネットワークの世界でどれくらいのことができるか注目している。問題は市場で、産地はどこでもよいからクラウド的につながってムダにならない流通ができるかが課題。

③ 日本の農作物の質を高めて海外に輸出するためにも、全体を最適化するためのＩＴ利用が求められる。日本国内のパイは小さくなるから、国家戦略として国を超えた市場を見るしかない。それを実現するにはＩＴしかない。アジアや世界を考えたときに、農業としてどういう発信をするのかということが大事。

(2) 電力会社

①　これまで電力業界は、ＩＴがネットワークのなかで機能を発揮していない状態であった。今後は、電力業界のセキュリティアップが求められている。電力系としてスタンドアローンのレガシーシステムはつながっていないので安全という認識であったが、ＰＣで制御できる時代になり、制御系をどうやって守るのかを考えている。スマートメーターもハッカーの入り口になる可能性がある。

②　発送電分離と電力自由化で、電力業界は対応に追われており、ドライビングフォースになりえていない。エネルギー分野でイノベーションを起こすには外圧に期待するところが大きい。通信業界では、ＮＴＴはインターネットが普及するなかで業態を転換することになった。電力業界も同じで、小型発電は増えるから、対応していかなければ潰れるだけである。

③　スマートメーターの導入は、計量法で既存のメーターが10年毎の交換を義務付けられているので、確実に実現する。スマートメーターにおける利用状況のデータはユーザー個人のものという見解であり、ライフログなのでセンシティブなデータである。しかし、ビジネスにつながる仕組みをつくりたい。スマートメーターの情報をいちばん利用したいと思っているのは新規参入者である。いまのところ、その情報は電力会社に集約されているが、資源エネルギー庁は

公開すべきとの見解で、ユーザーが同意していれば渡さなければいけない仕組みを考えている。具体的には、ビッグデータとしての受け渡しとなる見込み。

④　ネガワットに対応するデマンドレスポンスなどの動きはあるが、さらに再生可能エネルギーなどの不安定な供給源が電力系統に入ってくることが多くなると、ITによる詳細な制御を瞬時に行うファストデマンドレスポンスといった仕組みが必要になる。

(3) 敬愛まちづくり財団（マイヤーズ博士）

第5回社会課題ソリューション研究会のテーマである「ダイバーシティとIT」に向けて、勉強会に参加した。講演者のマイヤーズ博士は、世界各地にウェブスター大学の学院支部を設立し、関西学院大学との交流を通じて名誉博士号を授与され、米国におけるタブー、いわゆる歴史の暗部に切り込んでいる。

アメリカの歴史を見ると、諸外国がやっていることを一方的に非難できるような立場でないことがわかる。それでもやっているのは、自国のことを理解していないからであり、そのような状況で非難したとしても説得力を持たない。重要なことは、自国の歴史を含めて良いことも悪いことも理解した上で、他国と接することである。また他国がどうしてそういう行動を取るに至ったかを考える上でも、リーダーとなる人はその当事者と会って話す機会を積極的に持つべき。現在の各国のリーダーがそれをしているかというと、必ずしも実行していない。各国間の紛争を大きくしないためにも、リーダーは自国の歴史を理解し、相手の国と対話する必要があるのではないだろうか。

(4) 放送事業者

平成26年6月、都内の大手テレビ局の方々に対して、3月に公表した本研究会「中間とりまとめ」と、この時点ですでに開催されていた第4回研究会「オープンガバメントとIT」について説明を行う機会をいただいた。

説明後のディスカッションでは、国と市民はもっと近いほうがよいという観点から、オープンガバメントへの期待が話題に上った。

私たちは、「橘街道プロジェクト」という行政（近畿経済産業局）が主導して構築したITプラットフォーム上で、みかん農家とパティシエの連携や、大豆農家と湯葉生産者との連携など、農業の出口をつくる事例が生まれていることなどを紹介した。

さらに、本研究会でも大きなテーマとなった「個人の情報発信」という観点から、ツイッターの意見など個人の意見には「なぜ」がないという点が話題に上った。

テレビ番組の場合は「番組全体のバランス感や制限時間の問題もある」という点に加え、「SNSなどを通じて世の中に意見を発信できる場が増えたのに対し、「なぜ」を話せない人、背景を持っていない人が多いのでは？」との意見が出された。

(5) 通信事業者

平成26年2月、大手通信事業者の幹部の方に本研究会の議論の方向性について説明を行う機会をいただいた。

説明後には、本研究会で大きく取り上げた「健常者の電子カルテの可能性」や「電子カルテの病院間共有」が話題に上った。

カルテの病院間での共有は非常に難しいので、あらかじめ本人にカードを渡しておき、「救急医療」のときだけこのカードを使ってカルテ情報などを共有する仕組みの可能性についてディスカッションを行った。

(6) 現役の医師（勤務医、大学医学部教授）へのインタビュー

電子カルテに関し、どの病院や薬局でも本人の承諾があれば共有できるようにすることに対して

医師の立場から抵抗感はないのかとの趣旨で、数名の病院勤務医や大学医学部教授に質問したところ、以下のような反応があった。

すなわち、検査データや診断内容については他の医者と共有することに抵抗はないが、これらに基づいてどういう処置をしたかという処方に関しては、医師の判断やノウハウもあり、いきなりすべてを共有というのは抵抗があるという意見だった。

このため、たとえば共有する内容を検査データと診断結果に絞って電子カルテ共有化を始めてはどうかという示唆をいただいた。

3　カンファレンス聴講

(1)　JUASスクエア

平成25年9月5日、6日、(一社)日本情報システム・ユーザー協会(JUAS)の主催による講演会が開催された。

「ユーザーのユーザーによるユーザーのためのカンファレンス」をコンセプトにJUASが毎年開催。クラウドコンピューティングなど、IT部門の役割、期待されていることが変化しているなか、先駆者たちの成功談・失敗談を聞くセッションなどを行っている。

「JUASスクエア2013」のなかで、「電子カルテの歴史と未来」(亀田総合病院亀田理事長)、「青果流通プラットフォーム事業への挑戦」(エムスクエア・ラボ加藤代表取締役)の2つのセッションについて聴講した。「電子カルテの歴史と未来」では、1995年より世界に先駆けて電子カルテシステムの本格運用を開始した亀田総合病院の、医療における徹底した情報活用を推進するまでの歴史と今後の展望、「青果流通プラットフォーム事業への挑戦」では、流通過程における生産者・卸業者・小売者・消費者間で生じるムダなどについて情報収集を行った。

(2) JUAS FUTURE ASPECT

平成26年1月28日、(一社)日本情報システム・ユーザー協会(JUAS)の主催による講演会が開催された。

「人間が生まれながらにして持つアナログな感性と、最先端のデジタル技術を組み合わせて、全ての人がイノベイティブになり、ワクワクしながら働ける社会が作れないか。人間の感性を解き放ち、5年後、10年後の未来を様々な角度(Aspect)から描き出したい。」をコンセプトにJUASが平成25年より開催。

第2回となる「JUAS FUTURE ASPECT 2014」のなかで、「さあ、感動をさがしに 大船渡発」(三陸とれたて市場八木代表取締役)などのセッションを聴講した。流通過程における生産者・卸業者・小売業者・消費者間で生じるムダなどについて情報収集を行った。

(3) ヘルスケアデバイス展2013

平成25年10月25日、日経BP社の主催によるカンファレンスが開催された。そのなかで次の2つの講演を聴講。

i 「ヘルスケア・ニューフロンティアを支えるものづくり産業」

（講演者：黒岩祐治 神奈川県知事）

講演では、「神奈川県において1970年にはほとんどいなかった85歳以上の人口が、2050年には一番多くなる逆ピラミッド型高齢化社会を迎える」という現状認識が示された。

こうしたなか、神奈川県では以下のような独自のモデルを確立し、日本国内をはじめとして世界にも示していきたいとの説明があった。

(A) 最先端医療・最新技術の推進

(a) 再生医療の拠点構築

(b) リハビリサポートや生活支援を行うロボットの開発 など

(B) 「未病を治す」（病気にならない）運動の展開

(a) 食の見直し（医食同源）

(b) 手首にはめるだけで健康状態がわかるモニタリングシステム など

これらを併せて取り組むことで、平均寿命のみならず「健康寿命」をも伸ばし、この2つを縮めていきたい。このため、政府の国家戦略特区に提案し、予算措置や規制緩和などの支援を得ながら推進。

ii　「医療イノベーションに向けた可視化・可触化技術」

（講演者：神戸大学大学院医学研究科　杉本真樹特命講師）

講演では、医療分野が、これまでの「可視化」に加え、「可触化」へと進化している最新技術の紹介があった。

(A)　ITを利用した先端医療

(a)　3Dプリンタを利用した臓器シミュレーション

CTやMRIから臓器を質感ごと再現し、臓器立体モデルを作成。病巣の三次元的診断や、治療のシミュレーションを行う。たとえばガン部の立体的な位置確認や、手術方法の事前確認、患者説明や臓器移植のサイズ合わせなど。複雑な位置関係にある複数の臓器を立体的に理解でき、また軟らかい臓器モデルを用いて切除や縫合の練習を行う。

(b)　プロジェクションマッピングを利用した手術

たとえば、手術前にガン患者のお腹の上に本人の内臓を映し出すことにより、ガン細胞の位置を事前に知り、切開する傷を正確な位置で最小限にする。とくに腹腔鏡下手術で有用。

(c)　モーションセンサーを利用したインタフェース

空中で指を動かすジェスチャーのみで、患者の内臓の3D画像や手術ナビゲーションを自在に操作可能。

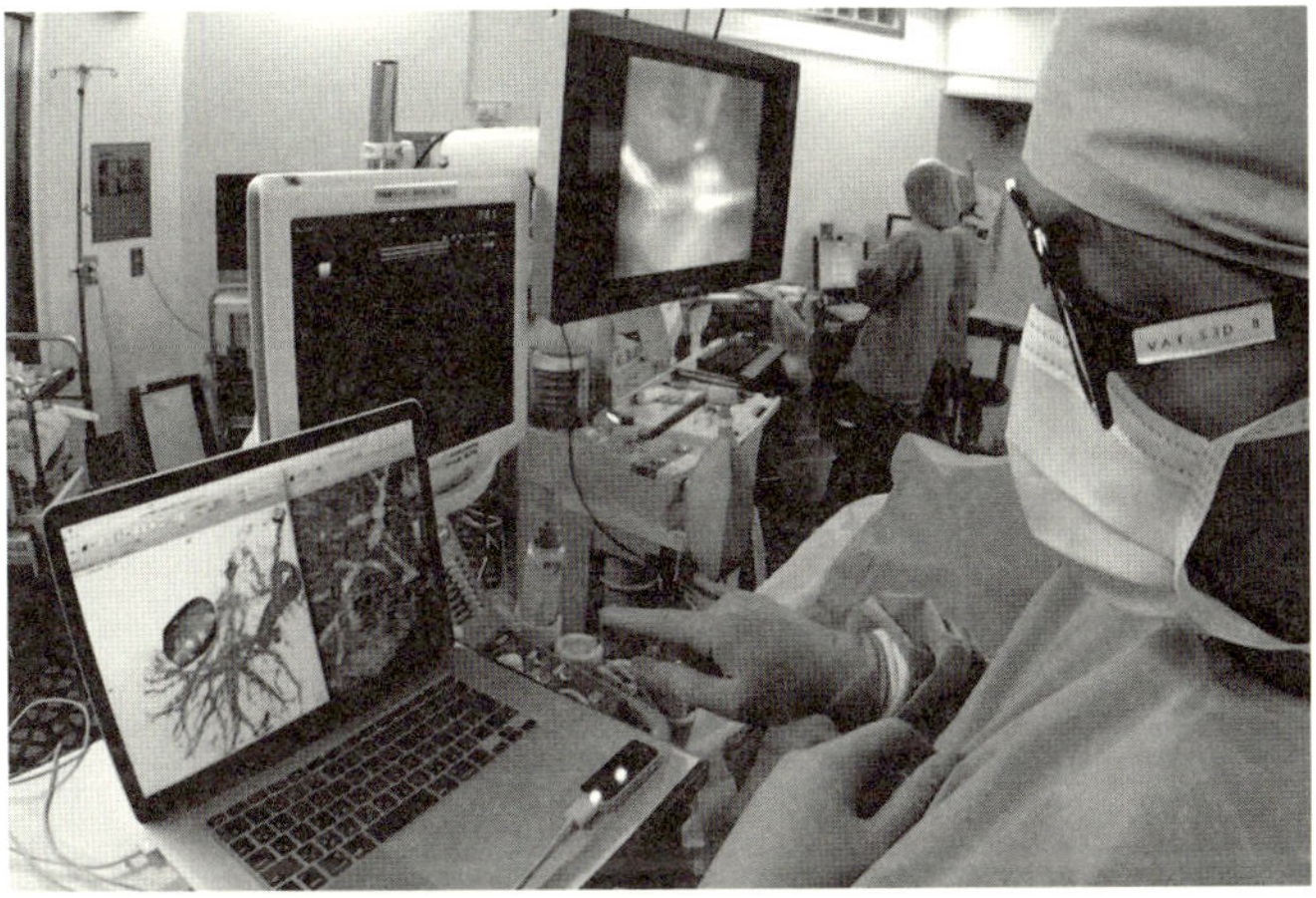

手術中にデバイスに触ることなく画像を操作するモーションセンサー

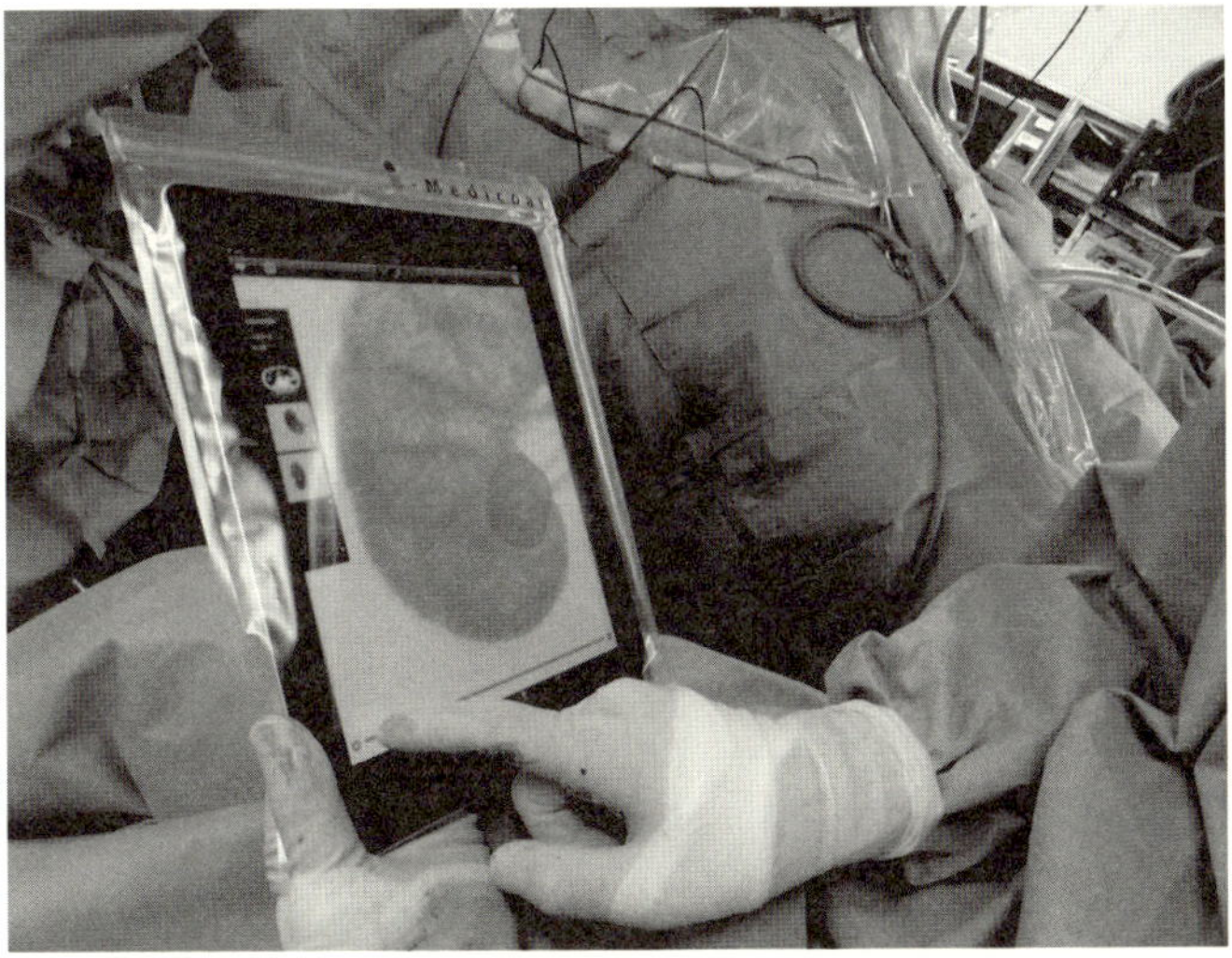

タブレット端末と滅菌防水バッグによる 3D 画像手術支援

（提供：神戸大学大学院医学研究科内科学講座特命講師 杉本真樹氏）

(d)　４Ｋ／８Ｋカメラを利用した内視鏡

医療用カメラの４Ｋ／８Ｋ高画質・高解像度により、高精細で自然な立体視ができ、内視鏡診断や手術に活用。

(e)　連続した静止画を利用した動画化または３Ｄ化

(f)　タブレット端末の手術室利用

手術用滅菌防水タブレットバッグを使用し、患者３Ｄ画像を術者が指先で操作し、手術の支援に活用。

(B)　遠隔地でのリモート手術

(C)　詳細画像による遠隔地医療（診断サービス）

4　そのほかの調査事項

(1)　社会課題の解決に向けた我が国政府の取り組み

i　「スマート農業の実現に向けた研究会」検討結果の中間とりまとめ（一部抜粋）

農林水産省は、ロボット技術やＩＣＴを活用して超省力・高品質生産を実現する新たな農業（スマート農業）を実現するため、ロボット技術の利用において先行する企業やＩＴ企業などの協力を得て「スマート農業の実現に向けた研究会」を立ち上げ、平成25年11月から検討を重ねている。平成26年3月28日、研究会はスマート農業の将来像や実現に向けたロードマップなどについて中間とりまとめを公表した。

以下の図は、スマート農業とＩＴによる農業の課題を解決するための取り組みの抜粋である（出典：「スマート農業の実現に向けた研究会」検討結果の中間とりまとめ）。

1 超省力・大規模生産を実現
GPS自動走行システム等の導入による
農業機械の夜間走行・複数走行・
自動走行等で、作業能力の限界を打破
2 作物の能力を最大限に発揮
センシング技術や過去のデータに基づく
きめ細やかな栽培により（精密農業）、
作物のポテンシャルを最大限に引き出し
多収・高品質を実現
スマート農業
ロボット技術、ICTを活用して、超省力・高品質
生産を実現する新たな農業
3 きつい作業、危険な作業から解放
収穫物の積み下ろしなどの重労働を
アシストスーツで軽労化するほか、
除草ロボットなどにより作業を自動化
4 誰もが取り組みやすい農業を実現
農業機械のアシスト装置により経験の浅い
オペレーターでも高精度の作業が可能となる
ほか、ノウハウをデータ化することで若者等が
農業に続々とトライ
5 消費者・実需者に安心と信頼を提供
クラウドシステムにより、生産の詳しい
情報を実需者や消費者にダイレクトに
つなげ、安心と信頼を届ける

1

D スマート農業の将来像（ICTが拓く新たな可能性）

○ 「匠の技」のデータ化・形式知化や病害の発生予測システムなどの活用により、経験の浅い若者や女性などでも農作業が可能に。
○ 規模拡大が進む中で、ほ場や従業員が増えても、適期に効率的な作業が可能に。
○ 食品情報のクラウドシステム等の導入により、生産の詳しい情報を消費者・実需者にダイレクトに繋げ、安心と信頼を届ける取組などが実現。

技術の承継と新規参入の増大 →D-1

○「匠の技」のデータ化・形式知化により、経験の浅い若者や女性などの農業参入が促進。

農作業・経営の効率化 →A-4、D-1

○大規模経営において、ほ場や作業員の数が増大しても、生育状況等に対応した適期にムダのない最も効率的な作業が可能に。

農場ベースの発生予察など生育環境を制御 →A-4、B-1、D-1

○気象情報ネットワークや近隣産地とのネットワーク等の連携により、農場ベースで病害発生などを予察し予防するなど、生育環境の制御が可能に。

自動制御での深水管理

ニーズに応じた戦略的生産・出荷の実現 →D-1

○実需者や消費者の望む品質に適確に対応した農産物の生産・出荷が可能に。

○「こだわり」情報の発信により新規顧客の確保が可能に。

生産状況を踏まえた購買の実現 →D-1

○農産物や商品の有益な情報により、購入判断基準が増え、信頼した生産者から直接農産物を購入することが可能に。

○生産者から得た情報をもとに、機能性成分等を活用した特色のある商品開発が可能に。

11

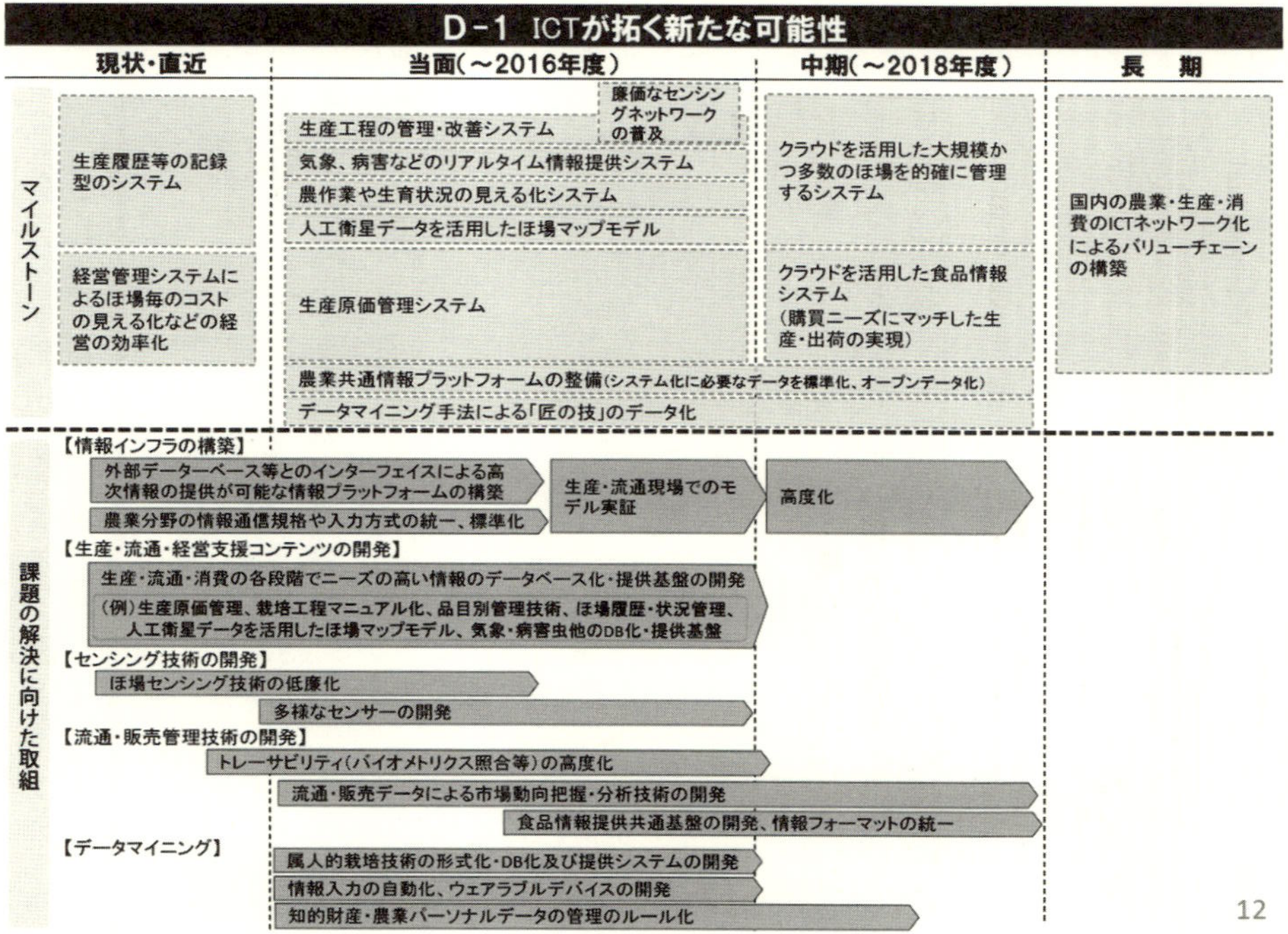
D－1 ICTが拓く新たな可能性
現状・直近
当面（～2016年度）
中期（～2018年度）
長　期
マイルストーン
生産履歴等の記録型のシステム
経営管理システムによるほ場毎のコストの見える化などの経営の効率化
生産工程の管理・改善システム
廉価なセンシングネットワークの普及
気象、病害などのリアルタイム情報提供システム
農作業や生育状況の見える化システム
人工衛星データを活用したほ場マップモデル
生産原価管理システム
クラウドを活用した大規模かつ多数のほ場を的確に管理するシステム
クラウドを活用した食品情報システム
（購買ニーズにマッチした生産・出荷の実現）
国内の農業・生産・消費のICTネットワーク化によるバリューチェーンの構築
農業共通情報プラットフォームの整備（システム化に必要なデータを標準化、オープンデータ化）
データマイニング手法による「匠の技」のデータ化
課題の解決に向けた取組
【情報インフラの構築】
外部データーベース等とのインターフェイスによる高次情報の提供が可能な情報プラットフォームの構築
農業分野の情報通信規格や入力方式の統一、標準化
生産・流通現場でのモデル実証
高度化
【生産・流通・経営支援コンテンツの開発】
生産・流通・消費の各段階でニーズの高い情報のデータベース化・提供基盤の開発
（例）生産原価管理、栽培工程マニュアル化、品目別管理技術、ほ場履歴・状況管理、人工衛星データを活用したほ場マップモデル、気象・病害虫他のDB化・提供基盤
【センシング技術の開発】
ほ場センシング技術の低廉化
多様なセンサーの開発
【流通・販売管理技術の開発】
トレーサビリティ（バイオメトリクス照合等）の高度化
流通・販売データによる市場動向把握・分析技術の開発
食品情報提供共通基盤の開発、情報フォーマットの統一
【データマイニング】
属人的栽培技術の形式化・DB化及び提供システムの開発
情報入力の自動化、ウェアラブルデバイスの開発
知的財産・農業パーソナルデータの管理のルール化
12

ii　データカタログ「data.go.jp」

オープンデータの課題として、データを二次利用できるようにオープン化しても、データがどこにあるかわからない、統計一覧のなかのどれが該当データかわからない、発行日などの索引データの付け方がバラバラなどの課題がある。これを解決するため、ポータルサイトとしてデータカタログを整備したサイトが公開されている。

最初に公開されたdata.go.jpデータカタログ試用版は平成26年3月31日で休止されたが、同サイトが二次利用を認める利用規約によりデータを公開したことから、データカタログに掲載されていたメタデータを活用して、民間においてデータカタログ部分のミラーサイトが開設された。平成26年5月1日よりデータカタログサイト試行版（data.go.jp）としてサービスが再開されたが、こうした応急措置に頼らない継続的な運

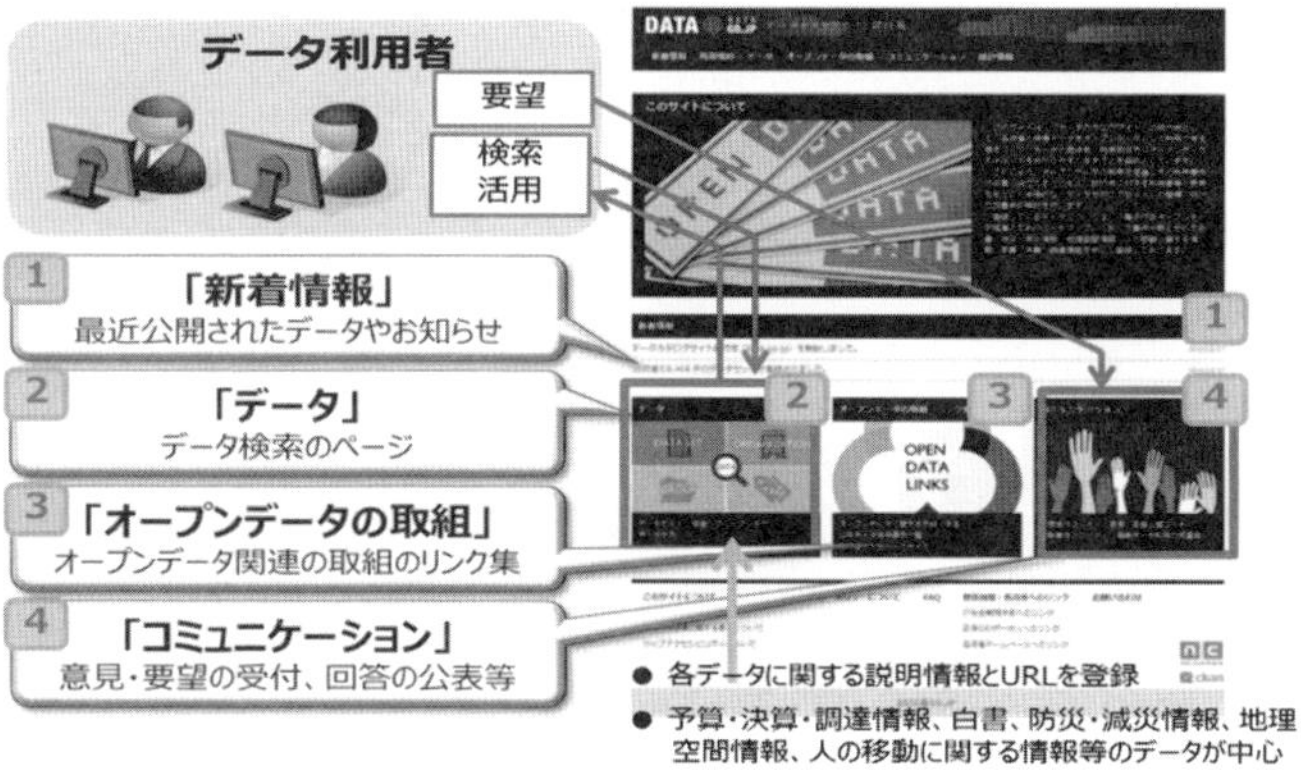

ポータルサイト「data.go.jp」の構成
（http://www.slideshare.net/hiramoto/140413-33540783 より）

用が求められている。

iii　オープンガバメントアイディアボックス

政府や自治体がオープンデータ化に取り組むときに、何のデータが必要とされているかわからないなど、ニーズを把握する仕組みが確立していない。このため、インターネットを通じた意見募集・議論の仕組みであるアイディアボックスの利用が始まっている。アメリカではホワイトハウスが国民からの意見募集に用いており、日本でも平成21年10月、経済産業省において電子行政に対するアイディアの募集に用いられた。アイディアボックスは次のような特徴を持っている。

● 投稿されたアイディアは、みんなで共有し、賛成票を投じて応援したり、コメント

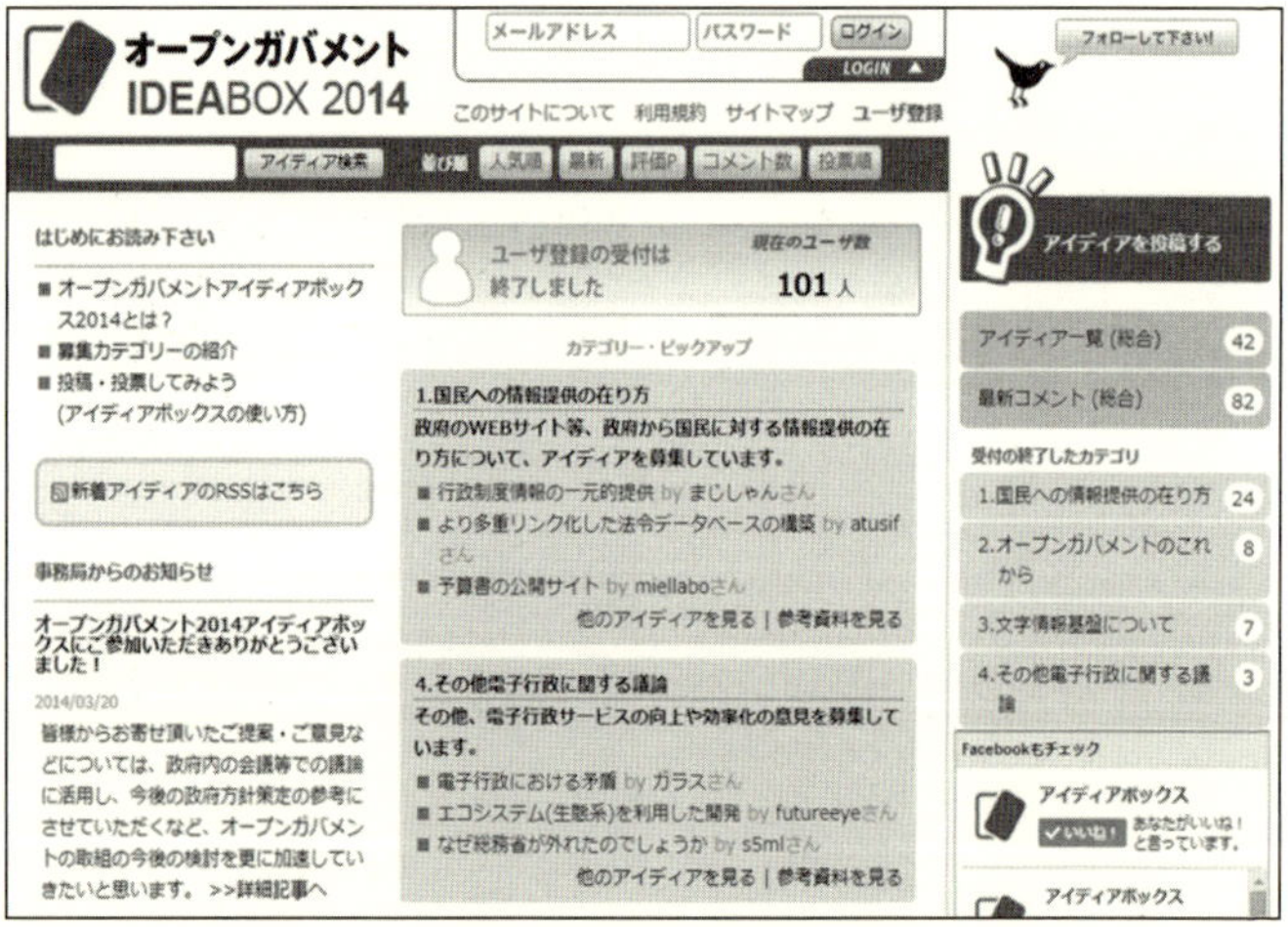

オープンガバメントアイディアボックス2014
(http://opengov2014.openlabs.go.jp/ より)

をしたりすることで発展させていくことができる
●アイディアは蓄積されていき、とくに賛同の多かったアイディアを抽出したりすることができる
パブリックコメントは一方向であるが、アイディアボックスは双方向なので、議論によってより良い意見が出てくる可能性がある。一方では、投稿する人が限られるなど、活性化や認知度における課題もある。

(2) 社会課題の解決に向けた地方自治体の取り組み

i 福井県鯖江市

メガネフレームの産地として有名な鯖江市は、メガネフレームに次ぐ産業としてＩＴを位置づけており、「データシティ鯖江」を標榜し、市が二次利用可能なオープンデータのライセンスで積極的に情報公開するなど、地方自治体のオープンデータ化のトップランナーとして走っている。総人口７万弱とコンパクトにまとまっており、オープンガバメントに関する実験的な試みを実施するのに適切な都市といえる。さまざまな試みは、人口流出が続く福井県内の市町村において唯一人口を維持している市の取り組みとして注目されている。

コミュニティバスの「つつじバス」は、鯖江駅または嚮陽会館、神明駅を拠点として市内各地12

路線が運行されているが、全車両にタブレットが積まれており、時間と位置情報がリアルタイムでサーバに送られ、それをオープンデータとして公開している。コミュニティバスではリアルタイムの位置情報をウェブ上の地図に表示するサービスを行っていて、お年寄りなどの利用者が待つことなくバスを利用しているほか、このオープンデータを利用したサービスを企業が事業化する源泉となっている。

ii　神奈川県横浜市

横浜市は総人口370万人と、我が国の市町村では最も人口が多く、透明性の確保や市民参加で確実に市民へのサービスを維持しながらコストを抑える努力をしている。よこはまオープンデータカタログ（試行版）を公開しており、

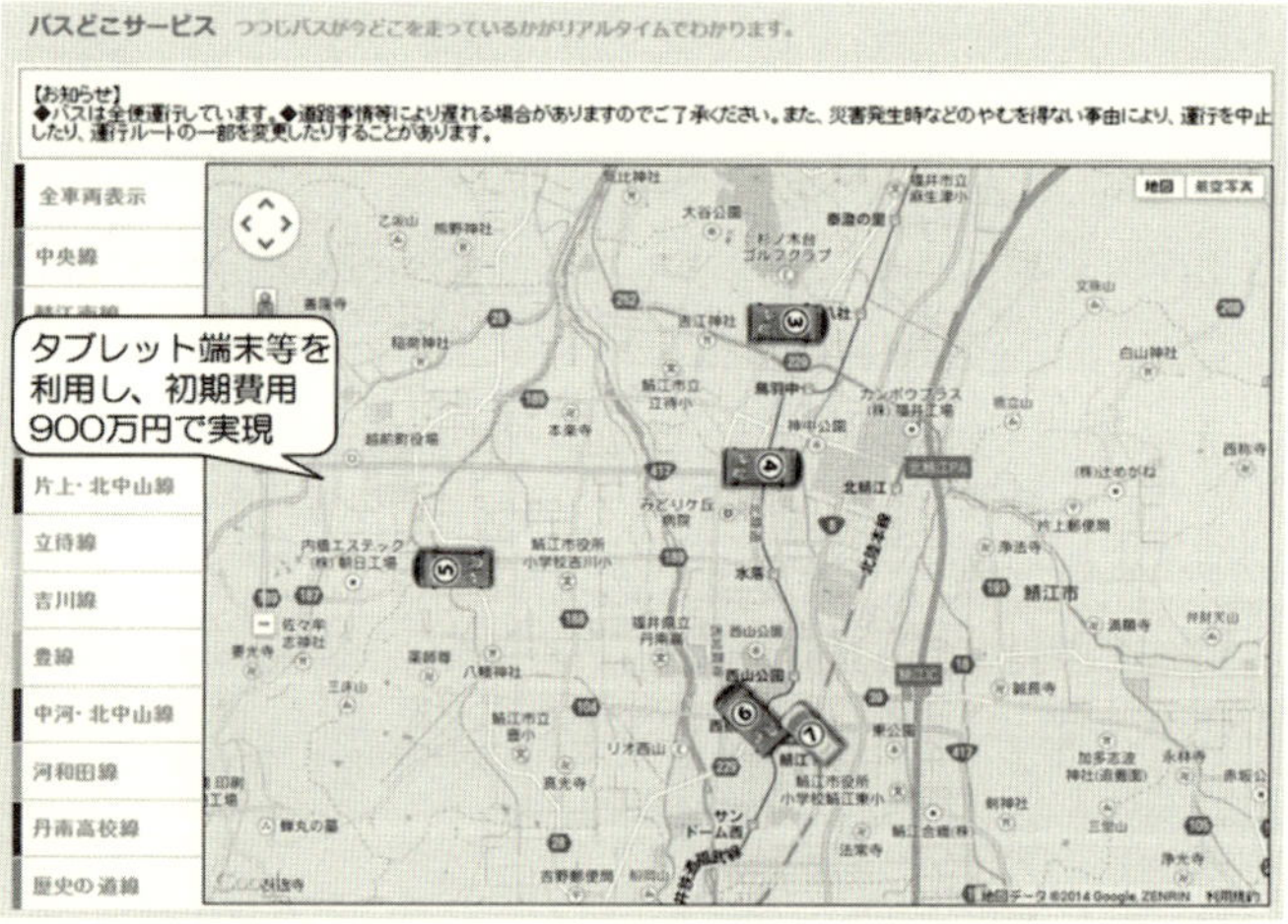

鯖江市コミュニティバス「つつじバス」ポータルサイト
（http://www.city.sabae.fukui.jp/users/tutujibus/index.html より）

どのようなデータがオープンデータ化されているかが可視化されている。とくに金沢区では子育てに焦点を当ててさまざまな子育て支援のデータを公開している。当機構も共通語彙基盤事業で、子育て支援施設のデータ化支援ツールとして横浜市金沢区の保育園その他の情報をデータ構造化しており、災害時の避難経路の確保の実証実験も実施する予定。

また、環境と共存できる未来をつくるために、日産と協業したカーシェアリングのサービスとして、「チョイモビ」という100%電気で動く2人乗りの超小型モビリティを、ちょこっと借りて、さくっと好きな場所で返せる「ワンウェイ型カーシェアリング」の実証実験を展開している。

「チョイモビ」のステーションマップ
（http://www.choi-mobi.com/ より）

iii 福岡県八女市

オンデマンド交通は、赤字の路線バスやコミュニティバスに代わり、ワゴン車や乗用車を使って利用者宅から指定場所までドア・ツー・ドアで送迎するサービスである。福岡県八女市では、このオンデマンド交通システムを平成22年1月に導入した。利用者は利用の30分前までに予約センターで目的地を伝えて予約し、サービスエリア内であれば路線バスと同水準の均一料金で利用できる。利用履歴をデータベースに記録しているため、次回以降の利用にも手間がかからない。

八女市オンデマンド交通システムの管理画面
(http://ameblo.jp/yamedemando/entry-10575640229.html より)

ⅳ　埼玉県川越市

埼玉県川越市の自転車シェアリングは、自転車を共同で利用する仕組みで、複数設置したどのポート（駐輪場）でも自転車の貸し出しと返却が可能。一般のレンタサイクルとは異なり、借りた場所以外でも自転車を返却できるなど、利便性が高い。東京のお台場などでも同様の自転車シェアリングが実施されている。

ⅴ　福島県会津若松市

会津若松市では、多方面での情報の活用を推進し、地域の活性化に寄与するため、ウェブサイトで公開する公共データのオープン化を推進している。公開しているデータは、会津若松市のオープンデータ利活用

貸し出し返却可能なポートの状況を地図上に表示（川越市自転車シェアリング）
（http://interstreet.jp/kawagoe/port/ より）

基盤「DATA for Citizen」（データフォーシチズン）上で閲覧・利用することができる。

オープンデータの活用推進のため、「オープンなまちを創ろう！ ～会津若松市オープンデータコンテスト～」が開かれたほか、同市の取り組みが「NHKクローズアップ現代」で「公共データは宝の山 ～社会を変えるか？ オープンデータ～」として放送された（平成26年9月17日）。

(3) 社会課題の解決に向けた民間の取り組み

i LOD (Linked Open Data) チャレンジJAPAN

LODチャレンジJAPANは、オープンなデータづくりとデータ活用に関する取り組みを表彰する日本初のコンテストである。平成23年度から始まり、民間や市民のほか行政に対しても広くオープンデータの呼びかけを行い、幅広い分野のデータ公開活動を積極的に表彰することで、日本におけるオープンデータを推進する流れとチャレンジする環境を創出している。オープンデータがこれほど新聞の紙面を賑わせる前から、政府が二次利用可能なライセンスで情報を公開するのを待つのではなく、オープンデータをどのように利用したらいいのか考え、自分たちでデータを作成し、データをサービスするアプリケーションを開発することを奨励しており、各企業からの協賛金を賞金とすることで認知度と応募者のモチベーションを高めている。

LODチャレンジ2013では、データセット部門101作品、アイディア部門667作品、アプリケーション部門122作品、ビジュアライゼーション部門18作品、基盤技術部門13作品と、全部で321作品の応募があり、政府や地方自治体のデータに付加価値を加えて公開している。

ii　OKFJ（Open Knowledge Foundation Japan）

データを公開する行政と、そのデータを使って社会課題を解決しようとする専門家、データを使ってサービスやアプリケーションを開発しようとする技術者、その受益者となる人や組織などがうまく出会えないと、行政側は「出しても有効に使われないから出さない」「費用や労力を正当化するだけの成果が出ない」、利用者側は「有益なデータを期待しない」「オープンデータに興味を持たない」といった状態になることがままある。OKFJは、このような状態を回避すべく、政府保有データをはじめとする多様なデータの生成・公開・利用を支援している。データの活用を通じて人の行動やシステムの挙動がより洗練され、事実に基づいたものとなり、経済、人々の生活、民主主義、学術研究などの質が向上した社会を実現するために活動している。

iii　CfJ（Code for Japan）

Code for Americaをモデルに、市民参加型のコミュニティ運営を通じて、地域の課題を解決するためのアイディアを考え、テクノロジーを活用して公共サービスの開発や運営を支援しており、「ともに考え、ともにつくる」を合言葉に活動している。メインの連絡にはフェイスブックを活用しており、1年もたたないうちに参加者は1848人になった。

福島第一原子力発電所の事故の影響で地域連携が崩れた福島県浪江市においては、遠隔地をリモートで結んで地域連携を深めるためのタブレット利用促進事業を始めており、プロジェクトマネージャー、開発者、デザイナーを現地に派遣して、地方自治体の職員と連絡を密にして開発を進めているところである。

ブリゲードと呼ぶ各地方でのローカルな活動を重視しており、日本全国18か所で実施。Code for Kanazawaでは分別ゴミの収集日をわかりやすく表示させる「5374」（ごみなし）を開発し、それを各地で普及・展開している。またCode for Sapporoでは地域の課題を共有・解決するツールとして日本版Fix My Streetを開発し、半田市や大阪市で実証実験をしている。

iv　OSMFJ（Open Street Map Foundation Japan）

ウェブサービスに多用されているグーグルマップは、利用規約によって再配布できないことになっている。これに対して、自分たちがGPSロガーを持って歩き回り、その結果をサーバに送ることで商用も含めて自由に地図データを使用できるのがOSM（Open Street Map）で、OSMFJ

は日本のＯＳＭコミュニティ活動を支援する団体である。ＯＳＭＦＪは地理空間データの自由な発展、開発、配分を奨励することと、誰でも使用、共有できる地理空間データを提供することを目的として活動している。また Open Street Map Foundation（ＯＳＭＦ：イギリス）と連携し、ＯＳＭＦの日本国内窓口として、コミュニティの発展と自由な地図情報の推進を図っている。

地図をつくるマッパーのみなさんによる情報収集と、自由なライセンスを大切にして活動を進めてきた結果、とくに「世界的に成功しており品質の高い地図データが完全にオープンに提供されていることは驚異的です。防災情報の基盤など各種の応用が期待できる」として高く評価され、Open Street Map が「２０１４年度グッドデザイン賞」を受賞した。

5　海外における調査事項

米国におけるＩＴによる価値づくり
～ＩＴ版ゴールドラッシュ～

平成25年9月8日から9日間、ＩＴを通じた「価値づくり」に向けたヒントを得て今後の議論に活かすため、シリコンバレーを中心に大学や企業など11か所をＪＵＡＳのミッションで訪問した。

米国のシリコンバレーを中心とした大学・企業などでは、世界中からＩＴ技術者やクリエーターが集まり、日々ＩＴを活用した新たなビジネスモデルが創出され、以下の例のような利便性の向上や課題解決に向けた「価値づくり」が盛んに行われている。

- Keynote Systems社：ＷＥＢやモバイルのパフォーマンス計測サービス
- TIBCO Software社：顧客行動へのリアルタイ

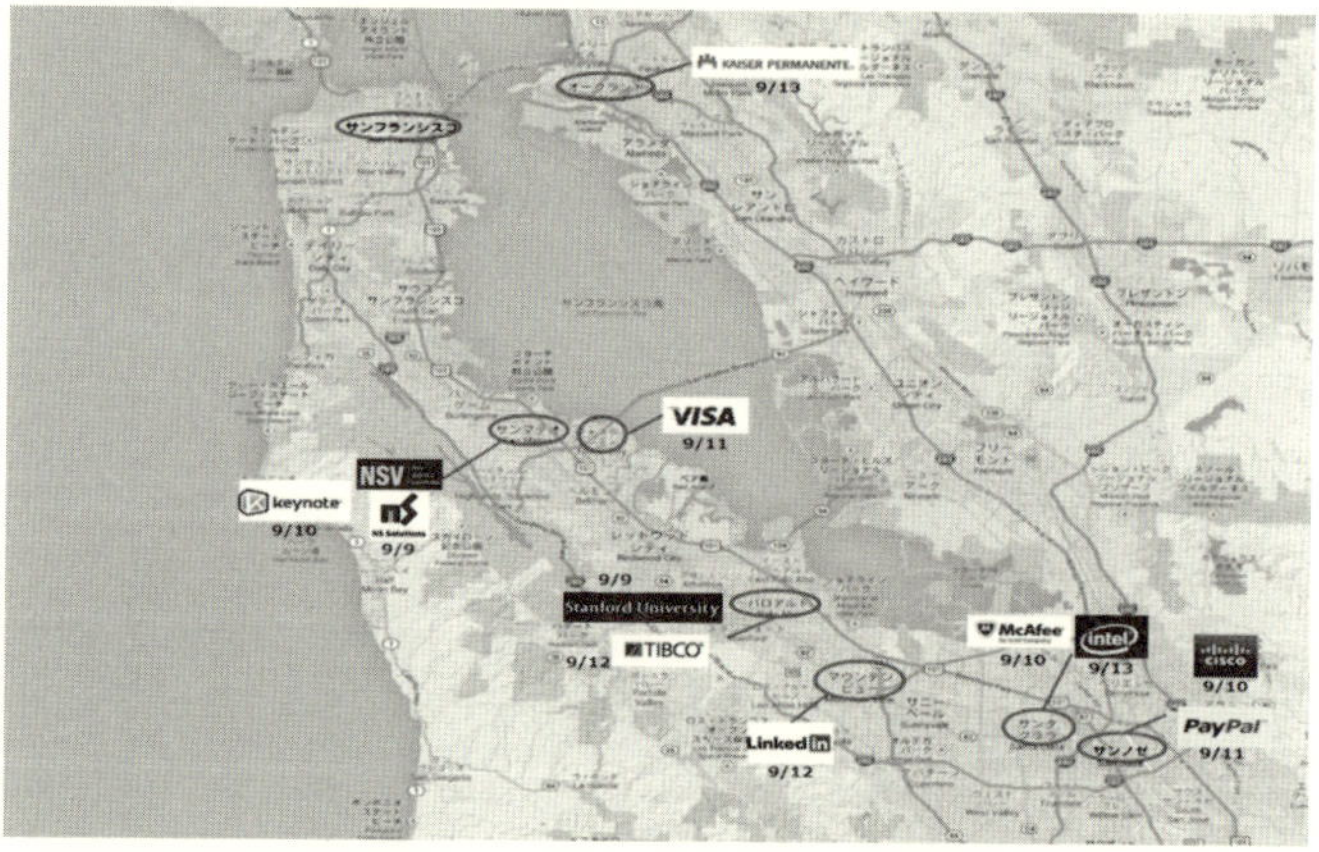

JUAS シリコンバレー視察団の訪問地
（出典：（一社）日本情報システム・ユーザー協会）

ムな対応などのソリューション

- PayPal社：デジタルウォレットでのクレジットカードの決済代行などのサービス
- LinkedIn社：ＩＴ技術者などが自らの能力を推薦してもらう社会人向けＳＮＳで世界に２億人の会員を有する

このような事業が次々にビッグビジネスになっていくシリコンバレーでは、ニッチなサービス分野に懸命に商機を見つけ出してビジネスモデル化している姿にその熱気と競争の激しさが見て取れ、まさに「ゴールドラッシュ」を彷彿させる。

また、Intel社では、ＳＦプロトタイピングと呼ばれる手法を用いてＳＦを元に未来の世界を語るのが仕事という「フューチャリスト」を抱えて経営戦略に活かしており、同社の不思議な魅力と懐の深さが感じられた。

ＩＴビジネスの本場である米国西海岸の最新事情に触れることにより、「シリコンバレーに代表される『とりあえずやってみる』『足し算思考で前向き』といった文化や気質が新たな価値づくりを次々と生み出す背景にある」とスタンフォード大学研究員が指摘するように、失敗やリスクを恐れて実行に踏み切れない悲観主義の我が国とのカルチャーギャップを痛感させられた。なお、インテル博物館の出口にある創業者ロバート・ノイスの言葉のタイトルが「オプティミズム」（楽観主義）であることも印象的だった。

インテル博物館出口にあるロバート・ノイスのパネル

あとがき

平成25年9月、独立行政法人情報処理推進機構（ＩＰＡ）において、社会課題ソリューション研究会を立ち上げて、さまざまな社会課題にＩＴの光を当ててみるとどう見えるのかという問題意識で検討を開始し、ちょうど1年後の平成26年9月に「最終とりまとめ」として世に問うことができました。

この検討の過程で、インターネット社会においてＩＴを活用することにより、これまでできるはずなのにできなかったことができるようになり、加えて、考えもしなかったことができるようになるという実例や可能性をたくさん見たり聞いたりすることができました。

こうしたことが可能となるのは、ＩＴがまさに「情報技術」であり、その扱う対象が「情報」だからであるということに改めて気付かされたのでした。そして、旧ソ連の崩壊や中東の「アラブの春」など世の中にパラダイムシフトが起こるとき、まさに情報こそがその原動力になってきたのは歴史の示すところですし、岩盤規制や既得権益の壁を破るのも、新たな技術の地平を開くのも、情報の持つ力であり、情報の独占の崩壊こそがそのきっかけとなるのではないかという思いに行き当たりました。そして、本書のタイトルである「情報は誰のものか」という問題意識はそこから生まれた問いでもありました。

本書は、その答えが随所に現れる第2部の「最終とりまとめ」を読んでいただく方々に、さらに踏み込んで考えていただくきっかけになればと願い、とりまとめに至る議論の背景を提供しようと編集したものですが、いかがでしたでしょうか？

ぜひ、読者のみなさまからの御意見や御示唆をいただければと考えております。

なお、本書の出版に際しては、（株）通産情報社の松林松夫様、情報印刷（株）の鈴木修様にお世話になり、また、海文堂出版の岩本登志雄氏には献身的なサポートをいただきました。厚くお礼申し上げます。

最後に、改めて社会課題ソリューション研究会の委員の先生方をはじめ、その運営・とりまとめなどに御協力をいただいたすべての方々に感謝を申し上げるとともに、本書の出版を後押しいただいた独立行政法人情報処理推進機構の藤江一正理事長、田中久也理事、立石譲二理事、下村健一監事、渡辺忠明監事に感謝を申し上げ、あとがきとさせていただきます。

「情報は誰のものか」編集委員会一同

御協力をいただいた関係者のみなさま

（敬称略、順不同。所属・肩書は御協力いただいた当時のものです）

【社会課題ソリューション研究会委員等】

阿草　清滋　　名古屋大学名誉教授／京都大学情報環境機構客員教授

金丸　恭文　　フューチャーアーキテクト株式会社代表取締役会長兼社長

川島　宏一　　株式会社公共イノベーション代表取締役

村井　純　　慶應義塾大学環境情報学部長

江口　純一　　経済産業省商務情報政策局情報処理振興課長

平山　利幸　　経済産業省商務情報政策局情報処理振興課課長補佐

【農業】

上杉　登　　（一社）全国肥料商連合会会長

【医療】

古川　國久　　シップヘルスケアＨＤ（株）代表取締役社長

小川　宏隆　シップヘルスケアHD（株）取締役副社長
沖本　浩一　シップヘルスケアHD（株）取締役
小林　浩行　シップヘルスケアHD（株）取締役
高橋　正和　セイコーメディカル（株）代表取締役社長
瀧本　年郎　セイコーメディカル（株）常務取締役
上畑　照美　アイネット・システムズ（株）常務取締役
岡崎　保　（公社）和歌山県病院協会理事
杉本　真樹　神戸大学大学院医学研究科特命講師
山本　昇壮　広島大学名誉教授
田中　栄　東京大学大学院医学系研究科外科学専攻教授
喜多　宏人　帝京大学医学部教授
久保　淑幸　（一社）東京都教職員互助会三楽病院外科科長

【エネルギー】
山崎　剛　電源開発（株）設備企画部企画室課長
中嶋　嘉昭　電源開発（株）総務部ＩＴ推進室統括マネージャー

【オープンガバメント】
伊勢田博志　（ＮＰＯ）中山間地域まちづくり研究所代表理事
山本美穂子　（ＮＰＯ）食育サポート研究所代表理事
濱　和彦　京福電気鉄道（株）事業推進部部長
高橋　洋三　ＮＥＯ ＰＥＡＲＬ ＫＯＢＥ代表理事
廣田　浩一　関西ネットワークシステム世話人
佐分利応貴　京都大学経済研究所先端政策分析研究センター准教授
権藤　君子　（一社）ネザーランズ・センター代表理事
庄司　昌彦　（一社）オープン・ナレッジ・ファウンデーション・ジャパン代表理事
関　治之　（一社）コード・フォー・ジャパン代表理事
川人　隆央　FixMyStreet Japan 代表

【ダイバーシティ】
Richard and Yakko Meyers　元ウェブスター大学学長夫妻
堀　秀也　（一財）敬愛まちづくり財団理事長
堀　元行　（一財）敬愛まちづくり財団副理事長

堀　秀覚　（株）かんべ代表取締役

【中間報告会】
入内嶋洋一　ＫＤＤＩ（株）技術開発本部技術戦略部マネージャー
山本　真市　ＴＩＳ（株）執行役員公共・宇宙事業本部副事業本部長

【中間とりまとめまたは最終とりまとめの説明・手交・送付先】
平井たくや　衆議院議員　自民党ＩＴ戦略特命委員長
関　芳弘　経済産業大臣政務官　衆議院議員
中山　泰秀　衆議院議員
寺井　慶　衆議院議員平井たくや政策担当秘書
舘　逸志　内閣府大臣官房審議官（経済社会システム担当）
溝上　雅洋　内閣府政策統括官（沖縄政策担当）付産業振興担当参事官室参事官
中津　健之　内閣府政策統括官（科学技術・イノベーション担当）付参事官補佐
牧野　守邦　内閣府沖縄総合事務局経済産業部長
平良　浩二　内閣府沖縄総合事務局経済産業部地域経済課長

大城　弘文　内閣府沖縄総合事務局経済産業部地域経済課課長補佐
天羽　隆　農林水産省大臣官房政策課長
井戸　敏三　兵庫県知事
落合　正晴　兵庫県企画県民部科学情報局長
成岡　英彦　兵庫県企画県民部情報企画課長
梶本　出　兵庫県企画県民部情報企画課副課長
福田　靖久　兵庫県企画県民部情報企画課主幹
菅原　崇行　兵庫県企画県民部情報企画課主査
大久保博章　兵庫県東京事務所長
宮園　司史　広島県警察本部長
穐丸　清孝　広島県総務局業務プロセス改革課参事
藤原　直樹　広島県総務局業務プロセス改革課長
神原　秀男　広島県総務局業務プロセス改革課主幹
上清　啓祐　広島県総務局業務プロセス改革課主査
井野上　豊　広島県総務局業務プロセス改革課主査
石濱　真　広島県東京事務所政策課長

飯泉　嘉門　徳島県知事
遠藤　佳孝　徳島県経営戦略部情報システム課長
片山　裕喜　徳島県経営戦略部情報システム課主任主事
阿利　政徳　徳島県経営戦略部情報システム課主任主事
斎木　淳　徳島県経営戦略部情報システム課主事
國安　治　徳島県商工労働部企業支援課主任専門官
中野明日香　徳島県政策創造部地域振興局地域創造課主任主事
吉川　満　徳島県政策創造部統計戦略課主任
河田　学　（公財）e-とくしま推進財団係長
下地　明和　沖縄県商工労働部長
仲栄真　均　沖縄県商工労働部情報産業振興課長
大城　勇人　沖縄県商工労働部情報産業振興課班長
眞喜志政規　沖縄県商工労働部情報産業振興課主任
福田　紀彦　川崎市長
奥田　隆則　神戸市企画調整局大都市・広域連携担当部長
松崎　太亮　神戸市企画調整局医療産業都市・企業誘致推進本部企業立地課

衣川　俊明　スーパーコンピュータ関連誘致担当課長
堤　康一　神戸市産業振興局経済部経済企画課調整係長
森　憲一　(株)フジテレビジョン情報制作局制作担当局長
戸塚　昌久　(株)フジテレビジョン情報制作局情報政策センター部長職
西村　朗　(株)フジテレビジョン情報制作局情報政策センター部長職
宮下佐紀子　(株)フジテレビジョン情報制作局情報政策センター担当部長
張江　泰之　(株)フジテレビジョン情報制作局情報政策センター副部長
川上　大輔　(株)フジテレビジョン情報制作局情報政策センタープロデューサー
大野　高義　(株)フジテレビジョン情報制作局情報政策センター
小林　登　(株)フジテレビジョン情報制作局情報政策センター情報企画部長
古川　重人　(株)フジテレビジョン情報制作局情報政策センター情報企画部部長職
平野　光一　(株)フジテレビジョン情報制作局情報政策センター情報企画部副部長
軽部　謙介　(株)テレビ朝日経理局財務部上級マネージャー
境　克彦　(株)時事通信社解説委員長
橋本　誠司　(株)時事通信社経済部長
(株)時事通信社経済部記者

三宅　隆政　（株）読売新聞グループ本社社長室主任
横山三加子　（株）毎日新聞社編集編成局経済部記者
本多　和幸　（株）ＢＣＮ編集グループ週刊ＢＣＮ記者
松林　松夫　（株）通産情報社代表取締役社長
鈴木　修　情報印刷（株）営業部次長
青木　日照　（株）エル・ビー・エス取締役
中嶋　泰雄　東北大学事業イノベーション本部特任准教授
岸　博幸　慶應義塾大学大学院メディアデザイン研究科教授
金子　郁容　慶應義塾大学大学院政策・メディア研究科教授
林　幹浩　順天堂大学医学部付属練馬病院救急・集中治療科助教
坂上太一郎　沖縄科学技術大学院大学オープンバイオロジーユニット技術員
村岡　茂生　（一財）日本エネルギー経済研究所顧問（元ＩＰＡ理事長）
田中浩一郎　（一財）日本エネルギー経済研究所常務理事　中東研究センター長
瀬戸屋英雄　（一財）製造科学技術センター専務理事
高木　譲一　（公社）日本技術士会専務理事
高橋　宏輔　（一社）ＩＩＯＴプロジェクトマネジメントグループ　マネージャー

木内　康勝　（NPO）グリーンバレー
岡田　秀一　日本電気（株）執行役員副社長
大畑　悠喜　（株）いろどり取締役
田幸　大輔　（株）博報堂テーマビジネス開発局政策企画部アカウントスーパーバイザー
東　　博暢　（株）日本総合研究所総合研究部門戦略コンサルティング部
　　　　　　融合戦略クラスター長
田辺　英二　（株）エーイーティー代表取締役社長
山中　聖彦　トランスフォーメーションイニシアティブ（株）代表取締役社長
小川　宏隆　シップヘルスケアHD（株）取締役副社長
徳田　佳一　（株）ソニーコンピュータサイエンス研究所OESプロジェクト　マネジャー
国近　昌裕　（株）野村総合研究所人材育成戦略部上級システムコンサルタント
尾川　議顕　水木真珠（有）代表取締役社長
坂本　弘子　水木真珠（有）総務部
山田　佳邦　TIS（株）公共・宇宙事業本部公共・宇宙事業部長
有村　大　　TIS（株）公共・宇宙事業本部公共・宇宙事業部公共営業部長
末松　佑深　TIS（株）公共・宇宙事業本部公共・宇宙事業部公共営業部

前田　泰宏　　経済産業省大臣官房政策評価広報課長
野口　聡　　経済産業省商務情報政策局情報処理振興課長
守谷　学　　経済産業省商務情報政策局情報処理振興課課長補佐
高浜　広和　　経済産業省商務情報政策局情報処理振興課係長
関　総一郎　　経済産業省近畿経済産業局長
中沢　則夫　　経済産業省近畿経済産業局総務企画部長
内海　美保　　経済産業省近畿経済産業局参事官
高瀬　幸子　　経済産業省近畿経済産業局総務企画部企画課長
谷原　秀昭　　経済産業省近畿経済産業局総務企画部　前・企画課課長補佐
石原　康行　　経済産業省近畿経済産業局情報政策課長
澤井　明子　　経済産業省近畿経済産業局クリエイティブ産業ユニット室長補佐
吉田　優輝　　経済産業省近畿経済産業局地域経済部情報政策課企画係長
若井　英二　　経済産業省　前・中国経済産業局長
畑野　浩朗　　経済産業省中国経済産業局長
宅見　幸一　　経済産業省中国経済産業局参事官（電子・情報産業担当）
好澤　潔　　経済産業省中国経済産業局地域経済部電子・情報産業担当課長補佐

河瀬　融年　　経済産業省四国経済産業局地域経済部地域経済課課長補佐
松坂　茂　　経済産業省四国経済産業局地域経済部地域経済課係長

【研究会への参加・協力】

（(独) 情報処理推進機構）
下村　健一　　監事
渡辺　忠明　　監事
伊藤　毅志　　技術本部セキュリティセンター長
町田　昇　　技術本部セキュリティセンター次長
松本　隆明　　技術本部ソフトウェア高信頼化センター所長
杉浦　秀明　　技術本部ソフトウェア高信頼化センター副所長
春山　浩行　　技術本部ソフトウェア高信頼化センター研究員
田代　秀一　　技術本部国際標準推進センター長
下田　忠義　　ＩＴ人材育成本部ＩＴ人材育成企画部次長
宮澤　利成　　ＩＴ人材育成本部ＩＴ人材育成企画部調査役
中谷　典子　　ＩＴ人材育成本部ＩＴ人材育成企画部

秋元　裕和　　ＩＴ人材育成本部ＨＲＤイニシアティブセンター長
木村　美子　　ＩＴ人材育成本部ＨＲＤイニシアティブセンター調査役
片岡　晃　　ＩＴ人材育成本部イノベーション人材センター長
大島　信幸　　ＩＴ人材育成本部イノベーション人材センター調査役
下房地　毅　　ＩＴ人材育成本部イノベーション人材センター企画グループリーダー
山城　宗久　　ＩＴ人材育成本部情報処理技術者試験センター長
廣瀬　毅　　総務部長
江川　邦雄　　戦略企画部次長
横山　尚人　　戦略企画部広報グループリーダー
白石　歩　　戦略企画部調査役
一家　雅彦　　戦略企画部
田部井ゆう子　　戦略企画部
柳生　沙紀子　　戦略企画部

「情報は誰のものか」編集委員会

中村　稔　独立行政法人情報処理推進機構　参事・戦略企画部長
昭和37年生まれ。広島県出身。東京大学法学部卒。
昭和61年に通商産業省（現・経済産業省）に入省。技術開発、情報システム開発、知的財産保護、オゾン層保護対策に携わり、平成5年から8年まで在ポーランド日本国大使館一等書記官としてワルシャワに駐在。帰国後は、航空機武器産業、原子力安全、環境・企業立地などを担当した後、石油公団総務課長、中東アフリカ室長、大臣官房参事官、石油流通課長を務めた。地方へは、近畿経済産業局の総務課長と総務企画部長として大阪で2回勤務し、兵庫県庁出向（産業振興局長と産業労働部長）で神戸にも赴任した。平成25年夏から現職。

羽鳥　健太郎　独立行政法人情報処理推進機構　戦略企画部調査役
昭和33年生まれ。東京都出身。筑波大学大学院ビジネス科学研究科卒。
原子炉の気液二相流安全解析から、原子力産業政策などを経て、UCバークレー校にて原子力の経済性を研究。その後、地理情報システム会社からIPAに移り、ソフトウェア開発プロジェクト管理やソフトウェア動向調査に従事。ライフワークとしてオープンソースソフトウェアやオープンデータのコミュニティと深く関わり、平成26年に第9回OSS貢献者賞を受賞。

楠木　真次　独立行政法人情報処理推進機構　戦略企画部企画・調査グループリーダー
昭和45年生まれ。和歌山県出身。立命館大学理工学部卒。
平成5年に通商産業省近畿通商産業局（現・近畿経済産業局）入局。輸出政策、APEC大阪首脳会議（平成7年）などに携わり、平成8年から通商産業省（現・経済産業省）勤務。企業立地政策、ベンチャー育成、中小企業政策などを担当。情報政策においては、個人情報保護、インターネットのドメイン名・IPアドレスの適正管理、情報処理技術者試験のアジア展開などを担当。平成24年夏から現職。

中山　顕　独立行政法人情報処理推進機構　戦略企画部企画・調査グループ研究員
昭和48年生まれ。富山県出身。東京工科大学工学部卒。
同校にて半導体材料（接点材料）研究の助手を経て、平成13年MS情報システム㈱（現TIS㈱）に入社。ソリューション・金融・官庁営業に従事。官庁営業では主に経済産業省・国土交通省・JAXA等を担当。平成24年春よりIPAに出向し現職。

ISBN978-4-303-73394-0

情報は誰のものか

2015年1月15日　初版発行　　© 2015

編　者　「情報は誰のものか」編集委員会　　検印省略

発行者　岡田節夫

発行所　海文堂出版株式会社

本社　東京都文京区水道 2-5-4（〒112-0005）

電話 03(3815)3291(代)　FAX 03(3815)3953

http://www.kaibundo.jp/

支社　神戸市中央区元町通 3-5-10（〒650-0022）

日本書籍出版協会会員・工学書協会会員・自然科学書協会会員

PRINTED IN JAPAN　　印刷　田口整版／製本　誠製本